# मेरा कुछ सामान...

*(गीत-संग्रह)*

# मेरा कुछ सामान...

गुलज़ार

राधाकृष्ण

ISBN : 978-81-7119-934-1

मेरा कुछ सामान...
© गुलज़ार

**पहला संस्करण** : 1994
**सातवाँ संस्करण** : 2016

**मूल्य** : ₹ 395

**प्रकाशक**
राधाकृष्ण प्रकाशन प्राइवेट लिमिटेड
7/31, अंसारी मार्ग, दरियागंज, नई दिल्ली-110 002

**शाखाएँ** : अशोक राजपथ, साइंस कॉलेज के सामने, पटना-800 006
पहली मंजिल, दरबारी बिल्डिंग, महात्मा गांधी मार्ग, इलाहाबाद-211 001
36 ए, शेक्सपियर सरणी, कोलकाता-700 017

वेबसाइट : www.radhakrishnaprakashan.com
ई-मेल : info@radhakrishnaprakashan.com

**मुद्रक**
बी.के. ऑफसेट
नवीन शाहदरा, दिल्ली-110 032

MERA KUCHH SAMAAN
*Lyrics by* Gulzar

## बोसकी के नाम

पहला-पहला गीत जो बोसकी के लिए
लिखा था, वह था :

*बिट्टूरानी बोसकी*
*बूँद गिरी है ओस की*

तब से और उसके पहले से जितने गीत जमा हुए हैं,
सब इस किताब में रखकर उसे सौंप रहा हूँ।
यह उसी की पूँजी है।

**–गुलज़ार**

# मोरा गोरा रंग लई ले

*मोरा गोरा रंग लई ले* इस गीत का जन्म वहाँ से शुरू हुआ जब बिमल-दा (बिमल राय) और सचिन-दा (एस. डी. बर्मन) ने 'सिचुएशन' समझाई। कल्याणी (नूतन) जो मन-ही-मन विकास (अशोक कुमार) को चाहने लगी है, एक रात चूल्हा-चौका समेटकर गुनगुनाती हुई बाहर निकल आई।

"ऐसा 'करेक्टर' घर से बाहर जाकर नहीं गा सकता", बिमल-दा ने वहीं रोक दिया।

"बाहर नहीं जाएगी तो बाप के सामने कैसे गाएगी?" सचिन-दा ने पूछा।

"बाप से हमेशा वैष्णव कविता सुना करती है, सुना क्यों नहीं सकती?" बिमल-दा ने दलील दी।

"यह कविता-पाठ नहीं है, दादा, गाना है।"

"तो कविता लिखो। वह कविता गाएगी।"

"गाना घर में घुट जाएगा।"

"तो आँगन में ले जाओ। लेकिन बाहर नहीं जाएगी।"

"बाहर नहीं जाएगी तो हम गाना भी नहीं बनाएगा", सचिन-दा ने भी चेतावनी दे दी।

कुछ इस तरह से 'सिचुएशन' समझाई गई मुझे। मैंने पूरी कहानी सुनी, देबू से। देबू और सरन दोनों दादा के असिस्टेंट थे। सरन से वे वैष्णव कविताएँ सुनीं जो कल्याणी बाप से सुना करती थी। बिमल-दा ने समझाया कि रात का वक़्त है, बाहर जाते डरती है, चाँदनी रात में कोई देख न ले। आँगन से आगे नहीं जा पाती।

सचिन-दा ने घर बुलाया और समझाया : चाँदनी रात में डरती है, कोई देख न ले। बाहर तो चली आई, लेकिन मुड़-मुड़के आँगन की तरफ़ देखती है।

दरअसल, बिमल-दा और सचिन-दा दोनों को मिलाकर ही कल्याणी की सही हालत समझ में आती है।

सचिन-दा ने अगले दिन बुलाकर मुझे धुन सुनाई :

*ललल ला ललल लला ला*

गीत के पहले-पहले बोल यही थे। पंचम (आर. डी. बर्मन) ने थोड़ा-सा संशोधन किया :

*ददद दा ददा ददा दा*

सचिन-दा ने फिर गुनगुनाकर ठीक किया :

*ललल ला ददा दा लला ला*

गीत की पहली सूरत समझ में आई। कुछ ललल ला और कुछ ददद दा—

मैं सुर-ताल से बहरा भौंचक्का-सा दोनों को देखता रहा। जी चाहा, मैं अपने बोल दे दूँ :

*तता ता ततता तता ता*

सचिन-दा कुछ देर हार्मोनियम पर धुन बजाते रहे और आहिस्ता-आहिस्ता मैंने कुछ गुनगुनाने की कोशिश की। टूटे-टूटे से शब्द आने लगे :

*दो-चार.... दो-चार... दुई-चार पग पे अँगना—*
*दुई-चार पग... बैरी कँगना छनक ना—*

ग़लत-सलत सतरों के कुछ बोल बन गए :

*बैरी कँगना छनक ना*
*मोहे कोसों दूर लागे*
*दुई-चार पग पे अँगना—*

सचिन-दा ने अपनी धुन पर गाकर परखे, और यूँ धुन की बहर हाथ में आ गई।

चला आया। गुनगुनाता रहा। कल्याणी के मूड को सोचता रहा। कल्याणी के ख़्याल क्या होंगे ? कैसा महसूस किया होगा ? हाँ, एक बात ज़िक्र के काबिल है। एक ख़्याल आया, चाँद से मिन्नत करके कहेगी :

*मैं पिया को देख आऊँ*
*जरा मुँह फिराई ले चंदा*

फौरन ख़्याल आया, शैलेन्द्र यही ख़्याल बहुत अच्छी तरह एक गीत में कह चुके हैं :

*दम-भर को जो मुँह फेरे—ओचंदा—*
*मैं उनसे प्यार कर लूँगी*
*बातें हज़ार कर लूँगी—*

कल्याणी अभी तक चाँद को देख रही थी। चाँद बार-बार बदली हटाकर झाँक रहा था, मुस्करा रहा था। जैसे कह रहा हो, कहाँ जा रही हो ? कैसे जाओगी? मैं रोशनी कर दूँगा। सब देख लेंगे। कल्याणी चिढ़ गई। चिढ़के गाली दे दी :

*तोहे राहू लागे बैरी*
*मुसकाए जी जलाई के*

चिढ़के गुस्से में वहीं बैठ गई। सोचा, वापस लौट जाऊँ। लेकिन मोह, बाँह से पकड़कर खींच रहा था। और लाज, पाँव पकड़कर रोक रही थी। कुछ समझ में नहीं आया, क्या करे? किधर जाए? अपने ही आपसे पूछने लगी :

*कहाँ से चला है मनवा*
*मोहे बावरी बनाई के*

गुमसुम कल्याणी बैठी रही। बैठी रही, सोचती रही, काश, आज रोशनी न होती। इतनी चाँदनी न होती। या मैं ही इतनी गोरी न होती कि चाँदनी में छलक-छलक जाती। अगर साँवली होती तो कैसे रात में ढँकी-छुपी अपने पिया के पास चली जाती। लौट आई बेचारी कल्याणी, वापस घर लौट आई। यही गुनगुनाते :

*मोरा गोरा रंग लई ले*
*मोहे श्याम रंग दई दे*

–**गुलज़ार**

# मेरे सरहाने जलाओ सपने मुझे ज़रा-सी नींद आए

ज़िन्दगी वैसी नहीं होती, जैसी दिखाई देती है और जैसी दिखाई देती है, वह उतनी ही भर दिखाई नहीं देती जितनी ये दो आँखें देखती हैं। शायद तितलियाँ, फूल और चाँद खुद नहीं जानते कि उनके होने के बावजूद कितना न होना बचा है या उनके होने से कितना कुछ हो गया है। दरअसल, एक गहरी रागात्मकता के साथ जब अनुभूतियाँ आकार लेती हैं तो वे कभी चित्र बनाती हैं, उनमें रंग भरती हैं या बने हुए चित्रों अथवा रंगों में नए-नए चित्र और नए-नए रंग चढ़ते-उतरते देखती हैं। प्रकृति और एक साशय जीवन के बीच बहुत-सा ऐसा बचा रहता है, जिसे समझने की अगर कोशिश की जाए तो उस बच जाने में भी बहुत भरा-पूरापन जीवन्त हो आता है।

बहुत छोटी-छोटी बातें होती हैं—रोटी, तवा, धुआँ, पत्ती, कोहरा या पानी की एक बूँद! लेकिन उनके बड़ेपन की तरफ़ कोई हमें ले जाता है, तो हम अनायास ही एक तल से ऊपर उठ जाते हैं, नितान्त निर्मल होते हुए। गुलज़ार की शायरी इसी निर्मलता की तलाश की एक कोशिश जान पड़ती है। वे बहुत मामूली चीज़ों में बहुत खास तरह से अभिव्यक्त होते हैं। उदासी, खुशी या मिलन-बिछोह अथवा बचपन...लगभग सभी नितान्त निजी इन स्पर्शों को वे शब्दों के जरिए मन से मन में स्थानान्तरित करने की क्षमता रखते हैं। एक विशेष प्रकार की रूमानियत के बावजूद ये विराग में जाकर अपना उत्कर्ष पाते हैं। इसलिए उदास भी होते हैं तो अगरबत्ती की तरह ताकि खुद जलें तो भी एक खुशबू दे सकें औरों के लिए।

गुलज़ार की यह सारी मौलिकता और अपनापन इसलिए भी और-और महत्वपूर्ण जान पड़ता है क्योंकि वे अपनी संवेदनशीलता और शब्द फ़िल्मों में लेकर आए हैं। यह कोई नई खोजी सूचना नहीं है कि हिन्दी फ़िल्म संगीत, लोकप्रियता की व्यावसायिक उड़ान में कहाँ तक पहुँच गया है और झुमरीतलैया के फ़रमाइशी कार्डों की शोहरत कहाँ-कहाँ नहीं पहुँची। और, यह भी जाना-माना सच है कि प्यारेलाल आवारा से लेकर पंडित सत्यनारायण तक, कान्स्टेबल से लेकर कलेक्टर तक, कार्यकर्त्ता से लेकर मिनिस्टर तक कभी न कभी, कहीं न कहीं हर एक ज़िन्दगी के किसी पन्ने पर नौशाद/गुलाम मुहम्मद से लेकर आर. डी. बर्मन तक दस्तखत कर गए हैं! इसीलिए बेशुमार दौलत और शोहरत की व्यावसायिक चकाचौंध में जहाँ लोकप्रियता का अपना पैमाना है, वहाँ साहित्य की संवेदनात्मक, मार्मिक तथा मानव-हृदय से जुड़े हर्ष-विषाद की जैसी

काव्यात्मक अभिव्यक्ति गुलज़ार के हाथों हुई, वह अपने आप में एक अद्वितीयता का प्रतीक बन गई है। इस अर्थ में गुलज़ार के शब्द, लोक-हृदय के उफानों, सुखों, इच्छाओं तथा यथार्थ के प्रति उत्पन्न आवेगों को इस तरह बाँटते प्रतीत होते हैं कि हम उन्हें देखने-सुनने-महसूसने लगते हैं। दुरूहता के विरुद्ध एक सादगी हमेशा छू लेती है।

अक्सर गुलज़ार एक प्रिय पितृत्व, अनन्त प्रेम की प्यास, मोहक उदासी तथा बहुत सारे प्यारे-प्यारे बच्चों का, बड़ों के लिए तर्कहीन किन्तु सुखी पलों की यथार्थ वांछा का निश्छल संसार अपने भीतर समेटे, जीवन जीने की इच्छा से भरपूर एक औसत तथा हमारे ही बीच के आदमी की तरह सामने आते हैं। वे 'छोटी-छोटी बातों की हैं यादें बड़ी' (आनन्द) और 'एक सौ सोला चाँद की रातें, एक तुम्हारे काँधे का तिल' (इजाज़त) के साथ-साथ बहुत धीमे से याद दिलाते हैं—इक बार वक़्त से/लम्हा गिरा कहीं/वहाँ दास्ताँ मिली/लम्हा कहीं नहीं/थोड़ा-सा हँसा के/थोड़ा-सा रुला के/पल जो यह जाने वाला है/आने वाला पल/जाने वाला है (गोलमाल)।

गुलज़ार की कुल काव्य-यात्रा प्रकृति और मन के बीच अपने-आपको खो देने की प्रबल इच्छा से संपन्न होती है। चूँकि फ़िल्में, संगीत के अपने वैशिष्ट्य तथा अभिनय व कथा के रूपाकार के साथ आती हैं, इसलिए धुनों में शब्दों के सामर्थ्य को डालना व्याख्या के पृथक उपकरणों की माँग करता है। बर्मन-किशोर या आशा के बावजूद यदि शब्द गूँजते रहें और हमें उनमें समो लें तो स्वर-संगीत माधुर्य से ऊपर क्षणों की मित्रता कायम होती है। इस मित्रता में परिभाषाओं की परम्परागतता से परे छुपा अपनत्व होता है।

उनके पास लगभग गिनती के शब्द हैं, ठीक वैसे जैसे 'आम आदमियों' के शब्दकोष में होते हैं। उनके पास लगभग नियत जीवन-हृदय हैं जैसे आम आदमियों की ज़िन्दगी में होते हैं। उनके पास करीब-करीब वही इच्छाएँ हैं जो किसी भी आदमी के निजीपन में उसे तरंगित या उद्वेलित कर सकती हैं। हिन्दी फ़िल्मों की लोकप्रियता में संगीत के जादू के जरिए जो मनहरणकारी क्रिया संपन्न होती है, उसका मूल भी यही बिन्दु है। लेकिन, गुलज़ार इसी मनहरणकारी व्यवसाय में अपनी संवेदनशीलता से रिश्तों के स्पर्श का स्पर्श देने में कामयाब होते हैं, यही उनकी सबसे बड़ी खूबी है। 'फ़िल्मी' गीतों में भी, प्रकृति की सूक्ष्म व्यंजना गुलज़ार के हाथों इस तरह खुल जाती है :

*चुलबुला यह पानी अपनी*
*राह बहना भूलकर*
*लेटे-लेटे आईना*
*चमका रहा है फूल पर...* ***(हवाओं पे लिख दो/ 'खामोशी')***

उनके लिए रिश्तों का बहुत मूल्य है। बकौल गुलज़ार, रिश्ते बस रिश्ते होते हैं/कुछ

परों-से हल्के होते हैं/बरसों के तले चलते-चलते/भारी भरकम हो जाते हैं.../कुछ भारी भरकम बर्फ़ के से/बरसों के तले गलते-गलते/हलके-फुलके हो जाते हैं। यही नहीं, 'नाम होते हैं, कुछ रिश्तों के/कुछ रिश्ते नाम के होते हैं/रिश्ते अगर मर जाएँ भी/बस नाम से जीना होता है।' (गहराई)

इन रिश्तों में एक अनंतिम आकर्षण है और इनके न रह पाने की विवशता का अहसास भी। इसी के वशीभूत वे कहते हैं—'बहुत बार सोचा यह सिंदूरी रोगन/जहाँ पे खड़ा हूँ/वहीं पे बिछा दूँ/यह सूरज के ज़र्रे ज़मीं पर मिलें तो/इक और आसमाँ इस ज़मीं पे बिछा दूँ/जहाँ पे मिले, वह जहाँ, जा रहा हूँ/मैं लाने वही आसमाँ जा रहा हूँ।' (कशिश)

रिश्तों के ताने-बाने को, उनकी जटिलताओं को, जहाँ उनके मूल स्वरूप में पकड़ा गया है, वहाँ उनमें व्याप्त कोमलतम भावनाओं की सरलतम अभिव्यक्ति दी गई है। यह सरलता न सिर्फ़ अपनी कहन में खींचती है, बल्कि प्रकृति के बिम्बों से युक्त होने की वज़ह से आत्यन्तिक अनुभूति की तह मन में उतर जाती है। सात रंग के सपने बुनते 'आनन्द' के ज़रिए गुलज़ार आँखों ही आँखों में मन में प्रविष्ट होते हैं/यादें चुनते हैं और एक ऐसी सर्जना करते हैं जो न सिर्फ़ 'मौसम' रचती है बल्कि 'आँधी' भी लाती है। वे रिश्तों की ज़रूरत का हिस्सा उतनी ही कशिश से सामने लाते हैं, जितना उसकी टूटन में उपजे दुख का।

जहाँ तक बिम्बों-प्रतीकों का प्रश्न है, 'चाँद' के बग़ैर वहाँ काम नहीं चलता। गुलज़ार ने एक दफ़े मुझसे बातचीत में मुस्कुराकर कहा था, आशाजी (भोंसले) स्नेह में आकर ताना देती हैं—तुम्हारा कोई गीत चाँद के बग़ैर पूरा ही नहीं होता। यह कई अर्थों में सच है। लाज और लिहाज, ताना और आत्मीयता...लगभग हर एक प्रसंग के लिए चाँद को गुलज़ार ने याद किया है। चाँद यहाँ इच्छाओं का बिम्ब बन गया है। लेकिन, यह चाँद हर जगह एक नए रूप में मौजूद है। चाँद से यह करीबी, गुलज़ार की, इतनी गहरी है कि एक संग्रह का नाम 'एक बूँद चाँद' तो दूसरे का 'चाँद पुखराज का' है। कभी वे चाँद चुराकर चर्च के पीछे बैठने की बात करते हैं, तो कभी कहते हैं—'शाम के गुलाबी-से आँचल में दीया जला है चाँद का/मेरे बिन उसका कहाँ चाँद नाम होता...गुलमोहर गर तुम्हारा नाम होता!' (देवता)

एकदम शुरू का गीत, 'बंदिनी' का 'मोहे श्याम रंग दई दे' में नायिका की जिस दुविधा का सजीव चित्रण किया गया है, उसमें चाँद बार-बार बदली हटाकर झाँक रहा था, मुसकुरा रहा था कि कैसे जाओगी? मैं रोशनी कर दूँगा। नायिका सोचती रही कि काश, इतनी चाँदनी न होती या मैं ही इतनी गोरी न होती कि चाँदनी में छलक-छलक जाती। साँवली होती तो कैसे रात में ढँकी-छुपी अपने पिया के पास चली जाती... मोरा गोरा रंग लई ले/मोहे श्याम रंग दई दे।

'एक सौ सोला चाँद' के साथ प्रयोगों का एक लम्बा सिलसिला है। 'चाँद सी

मिसरी' (चाँद को चबाने की रात आई है/होंठों पे बीती बात आई है/अंगूर), (चाँद की मिसरी घुल जाएगी/चाँद होंठ लगा के पीना/बोतल से एक बात चली है/घर), 'चाँद कटोरा' (रोज़ अकेली आए/चाँद कटोरा लिए भिखारन रात), 'गीला-सा चाँद' (गीली नदी के परे/गीला-सा चाँद खिल गया/लिबास) या 'चाँद जलाना-बुझाना' (सितारा), 'चाँद को ओक में भरने की इच्छा' (अनुभव) या 'चाँद का रथ' (लेकिन)।

जैसा कि हम महसूस करते हैं, गुलज़ार का मन रात और दिन के बीच डोलता रहता है। जब वह एक फक्कड़पन के साथ ज़िन्दगी को लेता है, तो कहता है—'दिन ने हाथ थामकर इधर बिठा लिया/रात ने इशारे से/उधर बुला लिया' (मुसाफ़िर हूँ यारो/परिचय)।

यह कहा जा सकता है कि गुलज़ार के पास औसत आदमी के जीवन की रोज़मर्रा की भावुकताएँ हैं, लेकिन वे प्रेमिल 'नॉस्टेल्जिया' को एक शक्ति बना लेते हैं। रात, शाम, सुबह या सूरज उनके जरिए एक अर्थवत्ता ग्रहण करते चलते हैं। वे मुहावरों के नवप्रयोग में विश्वास रखते हैं। शायद इसीलिए कि शब्दों की ध्वन्यात्मकता को उन्होंने अपने ढंग से परख लिया है। ध्वन्यात्मकता की इस परख ने ही उन्हें अन्य गीतकारों से अलग ला खड़ा किया है। पीले चाँद का शाखों में अटक जाना या गीले चाँद का खिल जाना उन्हें रेशमी रातों (तेरे बिना जिया जाए ना/घर) या चाँद की बिन्दी वाली, बिन्दी वाली रतियाँ (परिचय) तक लाता है। तभी आकाश ज़मीं हो जाता है, चाँद यहीं सो जाता है (घरौंदा/दो दीवाने...)।

सम्बन्धों की महत्ता के लिए गुलज़ार की शायरी में जब हम उतरते हैं तो वे प्राथमिक तौर पर कल्पना की उड़ान के मुग्धयात्री प्रतीत होते हैं, लेकिन ज्यों-ज्यों हम उन सम्बन्धों की बुनावट में जाते हैं वे श्रोता/पाठक को अपने साथ शामिल करते हुए उसके आस-पास से संवाद का माध्यम बन जाते हैं। हम आमतौर पर जिसे 'खो जाना' कहते हैं, ये गीत मन के साथ वैसा तो करते हैं ही, लेकिन इनकी कामयाबी इसमें है कि ये बहुत सारी अनजाने में खो गई चीज़ों को फिर से याद दिलाने, पहचान करवाने या प्रकाश में ले आने का उपक्रम रचते हैं, कि हमें अचानक लगता है—यह सब तो यहीं था, इतने पास! जैसे, शाख पर जब धूप आई/हाथ छूने के लिए/छाँव छम् से नीचे कूदी/हँसके बोली, आइए! (हवाओं पे लिख दो/दो दूनी चार)। और, काँधे का तिल किसने नहीं देखा होगा? लेकिन इजाज़त की पंक्तियाँ स्मृति को फड़फड़ा देती हैं। रूमानी रिश्तों को प्रकट करने के उनके नायाब तरीके हैं—'महके हुए से राज', 'हँसी में गुलाल', 'नैनों की बाँसुरी', 'आँगन में ठंडे सवेरे बिछा दूँ', 'पैरों में मेहँदी की अग्नि लगा दे', 'झूठ से काली रतियाँ', 'उम्र से लम्बी सड़कें', 'सुस्त क़दम रस्ते/तेज़ क़दम राहें' आदि। ध्वन्यात्मकता के अपने स्वभाव के चलते वे 'पेर' (पैर) या रस्ते (रास्ते) और 'पानियों' (खुशबू) का उपयोग एक स्वाभाविक प्रियत्व के साथ करते हैं। इच्छाओं की अभिव्यक्ति का एक अन्दाज़ है—'सूरज को मसलकर मैं चन्दन की तरह

मलती/सोने का बदन लेकर कुन्दन की तरह जलती/तरसा है कई बरसों आकाश समन्दर में/इक बूँद है चन्दा की, उतरी न समन्दर में/दो हाथों की ओक में यह गिर पड़ता तो क्या होता/हाथों में खुदा होता...।' (अनुभव)

गुलज़ार की चाह दरअसल प्रेम में पूर्णत्व की है। चाहे वह दो प्राणियों के बीच है या प्रकृति और मन के बीच। रिश्तों में 'केजुअल' होना उन्हें अभीष्ट नहीं है। 'न घर-न ठिकाना' वाले मुसाफ़िर को एक घर की निरन्तर तलाश है। ये घरौंदे के दीवाने, खिड़की में खुलेगा अम्बर या अम्बर पे खुलेगी खिड़की... आस्मानी रंग की आँखों में/बसने का बहाना ढूँढ़ते हैं। और, ये ख़्वाब कोई लंबी-चौड़ी तफ़सील नहीं माँगता। ये ख़्वाब एक मामूली आदमी के ग़ैर-मामूली ख़्वाब हैं कि ठंडी सफ़ेद चादरों पर छत पर पड़े हुए देखे जा सकें। इन स्वप्नों में प्रश्न भी है—रात कट जाएगी तो दिन कैसे बिताएँगे/बाजरे के सिट्टों-जैसे बेटे हो जवाँ/थोड़ी-सी ज़मीं थोड़ा-सा आसमाँ/तिनकों का बस इक आशियाँ'।

यहीं हम यह भी देख सकते हैं कि उनके पास लोक-रस/गन्ध/तथा स्पर्श सुरक्षित हैं। वे बंगाली भावुकता, पंजाबी मस्ती तथा राजस्थान की 'मरु के बावजूद ज़मीन के सीने से निकालकर लाई गई उन्मुक्त खुशी' का सम्मिश्रण हैं। सो, वे लोक-राग को पकड़ लेते हैं और आम आदमी के पीछे छूट गए सपनों को सामने ले आते हैं। घर बना लेने का यह सपना शहर में आकर, कुछ ऐसा भी है—'छत पे फर्श या फर्श पे छत दो/रहने को घर दो/ईंट पे ईंट जमा कर लो/घर ऊपर-ऊपर जाता है/भाड़े से ऊँची बिल्डिंग में/बिल्डिंग से ऊँचा भाड़ा है/थोड़ा-सा जल, थोड़े-से चने/इक चारदीवारी, पाँच जने।' (बीवी और मकान)।

स्मृतियों तथा यथार्थ के बीच गुलज़ार एक पुल बनाते हैं और सिर्फ़ 'कल्पना की आसानी' से ऊपर उठकर एक सार्थक टिप्पणी भी करते हैं। वे इस मायने में चलताऊ रोमांस के शाब्दिक बाज़ीगर नहीं हैं, बल्कि जानते हैं कि 'हालचाल' वास्तव में कैसे हैं—गोल-मोल रोटी का पहिया चला/पीछे-पीछे चाँदी का रुपैया चला/रोटी को बेचारी को चील ले गई/चाँदी ले के मुँह काला कौवा चला.../(हालचाल ठीक है/मेरे अपने)। और तभी इस आदमी की कसक है—'इच्छाओं के भीगे चाबुक/चुपके-चुपके सहता हूँ/दूजे के घर यूँ लगता है—मोजे पहने रहता हूँ/नंगा पाँव आँगन में कब बैठूँगा, कब घर होगा? (गृहप्रवेश)। यह चाह प्रकारान्तर से 'ना मिट्टी ना गारा/ना सोना सजाना/जहाँ प्यार देखो, वहीं घर बनाना' (बसेरा) में प्रकट होती है। वे 'गोलमाल' ज़िन्दगी के 'सपने में सपनी' भी देख लेते हैं।

घर से जुड़ी सम्पूर्णता में बारिश की बूँदें गिरते ही, तन्दूर ढकती तथा अलगनी से कपड़े उतारती माँ को मन अंकित किए हुए है। इक जो था वो नन्हा बचपन याद जब आता है तो अच्छे-सच्चे बाबूजी की याद श्रोता/पाठक को नम कर देती है—'टहनी पर चढ़के जब फूल बुलाते थे/हाथ उसके छोटे, टहनी तक न जाते थे/बचपन के नन्हे

हाथ उठाकर वह फूलों से हाथ मिलाते थे/मुट्ठी में बन्द हैं वे सूखे फूल अभी/...होंठों पर उनकी आवाज़/जाने किस मोड़ पे मिल जाएँगे वह, पूछेंगे बचपन असास भी है. ..(आशीर्वाद)

बचपन और बच्चे का मनोविज्ञान गुलज़ार में जिस तरह से प्रकट हुआ है, वह किसी तुलना का मोहताज नहीं है। बच्चों की अपनी दुनिया होती है, जिसमें कल्पना के लिए कोई हद नहीं होती। और, गुलज़ार के अद्वितीय बाल प्रेम की भी कोई हद नहीं है। बच्चों के अनूठे तथा लोकप्रिय गीतों पर एकाधिकार-सा रखनेवाले इस गीतकार ने शब्दों की मनचाही तथा दृश्यों की प्रिय मिलावट करके उन्हें बहुत 'सिर चढ़ाया' है। 'अ-आ-इ-ई-मास्टर जी की आ गई चिट्ठी' में तो शरारती बच्चों के झुंड में एक 'महाशय' टेक लगाते हैं—'वी आई पी, अंडर वियर-बनियान!' यहाँ दूरदर्शन के हिन्दी 'जंगलबुक' वाले मोगली के लिए 'चड्डी पहन के फूल खिला है' तथा 'गुच्छे' का 'कहानी ले लो' अथवा 'एलिस की अनोखी दुनिया' में 'उलट-पलट, ग़लत-सलत साइन' और 'पोटली बाबा की' के शीर्षक गीत को भी बतौर सन्दर्भ लिया जा सकता है।

चूँकि एक निश्छल शरारत और बच्चों-सा दिल उनके पास है इसलिए 'खूबसूरत' रेखा—'सुन-सुन दीदी तेरे लिए एक रिश्ता आया है' गाती है/'नमकीन' में 'आँकी चली बाँकी चली/चौरंगी में झाँकी चली' हो जाता है। बात यहाँ तक पहुँचती है कि कहना पड़ता है हर चीज़ में क़ायदा-क़ायदा-क़ायदा—आख़िर इसका फ़ायदा? इसी बहाने जीवन के यथार्थ की पहचान को कायम रखते हुए उसे बोझ न बनने देने के साथ जिजीविषा का... ललक का भी उन्होंने वक़्त मिलते ही मज़ा लिया है। 'गोलमाल' का 'रूमाल, सिलाई, सिलाई, पैसा' वाला शीर्षक गीत हो या 'सपने में देखा सपना' इसी मन की अभिव्यक्ति है। भीतर रची-बसी लोकगन्ध की अतीत-स्मृतियों की वजह से तथा शहर-गाँव की द्वन्द्वात्मकता से वाकिफ़ होकर लोकचित्रों का गहरा अंकन वे कर सकते हैं। इसलिए 'डाकिया डाक लाया' गीत में या 'अल्ला मेघ दे' के भीतर गाँव-शहर के बीच विकास के बाद की परिस्थितियों एवं गाँव की निश्छल इच्छाओं की सुन्दरतम अभिव्यक्ति हो सकी है।

प्यार जहाँ केन्द्रीय अनुभूति हो, वहाँ समर्पणकारी ऊँचाई होती है या टूटन की गहरी उदासी। लेकिन यह भी सच है कि कलागत रूपाकार की अतिनाटकीयता उद्धव के सामने गोपियों की अश्रुबाढ़ से लगाकर यमुना किनारे राधिका-रास तक खुली पड़ी है। ऐसे में वास्तविक जीवन के चित्र उठाकर कृष्ण-कबीर के बीच अपनी अभिव्यक्ति के उपकरण तय करने में बेहद सतर्कता की ज़रूरत होती है। गुलज़ार इस सिलसिले में जीवन-यात्रा को परिभाषित करने के मौलिक तरीके में जाने की कोशिश करते हैं। यह खोज की ईमानदार कोशिश ही रचना बन जाती है।

ज़िन्दगी के दर्शन को देखने-समझने का उनका ज़रिया नदी-नाव-धूप-छाँव ही है। माँझी गीतों की अपनी दार्शनिकता होती है। इनके सन्तत्व का अपनी उदासी-भरी

स्वर-लहरी से गुलज़ार ने मेल कराते हुए कहा है—'पानियों में बह रहे हैं/कई किनारे टूटे हुए/रास्तों में मिल गए हैं/सभी सहारे छूटे हुए/कोई सहारा, मँझधार से मिले तो/अपना सहारा है....' (खुशबू)। 'किताब' में तो जीवन का सच इस अन्त पर उतरता है—'हरि, दिन तो बीता, शाम हुई/रात पार करा दे/बीता मेरा काल तो बीता/कूल पार करा दे।' या फिर 'जी के देखो, जीनेवाले यूँ भी जीते हैं/दिन की चादर फट जाए तो रात को पीते हैं'। (खट्टा-मीठा)

बहरहाल, उनके गीतों में रिश्ते के प्रियत्व के छिन जाने पर हाहाकारी विलाप के स्वर नहीं, दहकती ख़ामोशी के अहसास जीवन्त होते हैं। 'धूप में छाँव की चोटें, छाँव में धूप के छाले' महसूसनेवाले को याद है कि 'सूखी हुई टहनी से/कितनी रातें तोड़ी हैं/कितने सारे दिन सीए/कितनी शामें जोड़ी हैं।' एक-एक शाम के हिसाब के बावजूद, उसमें शिकायत और क्रोध की फुफकार नहीं है बल्कि अकेला मकसद, पलों को लौटा लाने की चाह है। जैसे विवशताओं और अन्तहीन प्रतीक्षा की पीड़ा के दो दार्शनिक चित्र 'लेकिन' तथा 'रूदाली' में देखने को मिलते हैं :

*मैं एक सदी से बैठी हूँ/इस राह से कोई गुज़रा नहीं*
*कुछ चाँद के रथ तो गुज़रे थे/पर चाँद से कोई उतरा नहीं...*
*आँखों को निचोड़ा मैंने बहुत पर आँसू कोई उतरा नहीं*

*चढ़ते दिन की आँच बटोरूँ*
*तिल-तिल सब जल जाए*
*ढलती साँझ की राख कुरेदूँ*
*रेत में सब रल जाए...*

छोटी सी कहानी और बारिशों के पानी से वादी भर जाने पर मोहित शायर पर जब उदासी छाती है तो दिन 'ख़ाली-खूली बर्तन' तथा रात 'अन्धा कुआँ' लगता है। सूनी अँधेरी आँखों में आँसू की जगह धुआँ ले लेता है। उम्र से लम्बी सड़कें हैं। शहर में आशियाना ढूँढ़ता, एक अकेला, बस रात और दोपहर-भर घूम रहा है... घूम रहा है।

पत्थर की हवेली और शीशे के घरौंदों तक पहुँचनेवाली कुछ तेज़ क़दम, कुछ सुस्त क़दम राहों में राहों के बीच, मोड़ों पर, शायर के अपने आत्यन्तिक पल ठहरे हुए हैं। यह कौन सी कसक है, जो उससे कहलवाती है—'तेरे बिना ज़िन्दगी से कोई शिकवा तो नहीं/तेरे बिना ज़िन्दगी भी तो लेकिन/ज़िन्दगी नहीं!' छूटने की छटपटाहट तथा मिलने की व्यर्थता क्या एक साथ सम्भव है, अगर रिश्तों का मौन, टूटन के बावजूद एक अदृश्य पुल-सा अपने पर चीज़ों के एक सिरे से दूसरे सिरे तक गुज़र जाने को खुला हो। अहम के पिघलने का या ज़िदों के छोटे होते जाने का अहसास एक सनाकेदार

पल में घटित हो सकता है। तभी दोनों सिरे पुकार उठते हैं—'जहाँ से हम मोड़ मुड़ गए थे, वो मोड़ अब भी वहीं खड़े हैं'।

आँसू के प्रति शायर मय के प्याले तक में मार्मिक हो उठता है—'किसकी आँख का आँसू है यह तैर रहा है प्याले में/डूब न जाए अँधेरे में खींचो इसे उजाले में/यह किसके सिन्दूर से मैंने दाग लिया है दिल पर/ओ मिस्टर!' (ख़ामोशी)।

लेकिन, उसके लिए यही पूछना काफ़ी नहीं है। वह जानता है, मानता है और 'शायद' नहीं, यक़ीनी तौर पर कि उसके अनुराग से अंकित अभिन्न क्षण उस पर छाए रहेंगे। वह मुक्त होने की माँग में अपनी पीड़ा व्यक्त करता है। वह जो लौटाने की माँग है। इस तरह, उसके ताज़िन्दगी ज्यों के त्यों गूँजते—स्पर्श पाते रहने की सच्चाई में तब्दील होती है। उस सामान की फ़ेहरिस्त में शामिल है खत में लिपटी रात, पतझड़ की वो शाख, और गीला मन!

इतने गहरे अहसास किसी भी मन को छू लेने के लिए काफ़ी हैं। 'उदासी का तहलका' मचा देनेवाली इजाज़त चुप का सशक्त स्वर बन गई है। एकान्त के क्षणों में ही नहीं, ये पंक्तियाँ माँग का शोर मचाती कई आवाज़ों की भीड़ पर भी तारी होने की सामर्थ्य रखती हैं।

चाहत का यह स्वर तभी कहता है—'ख़ामोशी-सा अफ़साना/पानी से लिखा होता/ना तुमने कहा होता/ना हमने सुना होता' (लिबास)। आधी-आधी चीज़ों के पूरे-पूरे नक्शे गुलज़ार के पास हैं। वक़्त बीजने-बोने तथा पल-पल को पिरोने के उनके अपने मुहावरे हैं। यहाँ हम यह भी कतई नहीं भूल सकते कि 'आँधी' में रिश्तों के रेशे ही नहीं, समाजी हालात पर राजनीतिक टिप्पणी भी है—'सलाम कीजिए, आलीजनाब आए हैं/यह पाँच सालों का देने हिसाब आए हैं।' उन्होंने 'मन की शक्ति देना' जैसा प्रार्थना-गीत भी दिया है।

बादल पे पाँव रखे मचलती बारिश तथा सीली-सीली बिरहा की रात का जलना जिस शायर ने शब्दों में पकड़ा, उसी ने चुभन, चिन्तन तथा दर्शन के अपने ग़ैर-मामूली लगनेवाले अभिव्यक्ति के उपकरण बनाए। प्रकृति व मन के बीच यदि यह सब तब सम्भव हो सका जबकि वे 'सिचुएशन' की माँग निभा रहे थे, तो हमें मानना ही होगा कि कहीं कुछ और भी है जो उनके छा जाने में शामिल है।

देश-विभाजन के बाद गीत, नज़्म और कहानी उनकी अभिव्यक्ति के साधन थे। जब वे फ़िल्मों में आए तो उन्हें बिमलराय, हृषिकेश मुखर्जी और हेमन्तकुमार जैसों का साथ मिला। एस. डी. बर्मन और बाद में आर. डी. बर्मन तक गुलज़ार को अपने शब्दों के ध्वनिगत सामर्थ्य की पहचान के लिए वैसी ही धुनें भी मिल सकीं। सार्थक गीत, जो वैसे निर्देशकों के लिए लिखे गए, जो पात्रों की संवेदनात्मक गहराइयों को चित्रित करना चाहते थे। कामयाब कथा-पटकथा-संवादों तक उनके पास पात्रों को, जो एक जनमाध्यम में अपनी भूमिकाबद्धता सहित जा रहे थे, अपनी अनुभूतियाँ संप्रेषित

करने का मौक़ा मिला। उन्होंने जो फ़िल्में बनाईं उनमें उनकी लीक से हटकर भावाभिव्यक्ति की शैली का कमाल किया जा सका। उन्होंने क़रीब 50 फ़िल्मों की कहानियाँ लिखीं। सृजन का बहुमुखी स्रोत उनमें रहा है, जिसने एक समग्र परम्परा की तरह अपना रास्ता बनाया है। निश्चित ही यह किन्हीं ऐसे फ़िल्म गीतकारों से सम्भव नहीं हो सकता था, जो सिचुएशन और धुन के दो विडम्बनापूर्ण सौदों को चूड़ी खनकेगी/चन्दन-सा बदन/तथा झोपड़ी में चारपाई/चोली के पीछे क्या है... वगैरह से पूर्ण करने में अपना गीति-काव्य संपूर्ण करने को विवश हैं।

वस्तुतः गुलज़ार के फ़िल्म-गीतों के लेखन/उन फिल्मों की संवेदनात्मकता/संगीत/गायक-कंठ तथा श्रोता-समुदाय का अपना पूरा एक खंड है जिसे संपूर्णता में महसूस किया जा सकता है। सूफियाने या दिल जलाने के सबके अपने तरीके होते हैं लेकिन कुछ ही ऐसे होते हैं, जो अपने होने भर से तरीकों के नए साँचे ढालकर रख देते हैं।

'मेरा कुछ सामान' शीर्षक से फ़िल्म-काव्य के संग्रह में गुलज़ार के दो रूप मुखर दिखाई देते हैं। एक तो 'इजाज़त' या 'लिबास' में उतर गई स्मृतियों को पुनर्जीवित करने की चाह से भरी मोहक उदासी या फिर उस सबको भरती, 'एक बूँद ओस की—बिटिया रानी बोसकी'!

गुलज़ार ने लिखा है, 'मेरे सरहाने जलाओ सपने/मुझे ज़रा-सी तो नींद आए।'

प्यारे ख़्वाब, कभी अर्थ नहीं खोते।

फ़िल्म-गीतों में गुलज़ार एक परम्परा हैं, एक ऐसी परम्परा जो हमें अपने साथ ले चलने के लिए निरन्तर खींचती है। हमारी अनुभूतियों को उठाती है और उन्हें बेजान होने से बचाने का अवसर प्रदान करती है। वह स्पर्श करती है, गूँजती है और हर बार अपने में खो जाने की माँग करती है।

आप कह सकते हैं, इस 'लोटन कबूतर' के ज़माने में, कि यह झूठ है और, कि कबूतर के पंखों की ऊष्मा पर लिखनेवाला कोई 'कवि' इन्हीं अन्धों की गली में कभी आईने बेच गया होगा। सच है कि जब-जब भी गुलज़ार होंगे, चुलबुला पानी अपनी राह भूलकर लेटे-लेटे, फूल पर आईना चमकाने लगेगा!

**—यशवंत व्यास**

# क्रम

## ता-थई

# आ-थई

# 1 वंदिनी

मोरा गोरा रंग लई ले
मोहे श्याम रंग दई दे
छुप जाऊँगी रात ही में
मोहे पी का संग दई दे

इक लाज रोके पैयाँ
इक मोह खींचे बैयाँ
जाऊँ किधर, न जानूँ
हमका कोई बताई दे

बदरी हटा के चंदा
चुपके से झाँके चंदा
तोहे राहू लागे बैरी
मुसकाए जी जलाई के

कुछ खो दिया है पाई के
कुछ पा लिया गँवाई के
कहाँ ले चला है मनवा
मोहे बावरी बनाई के

# 2 काबुलीवाला

गंगा आए कहाँ से, गंगा जाए कहाँ रे
लहराए पानी में जैसे, धूप-छाँव रे

रात कारी दिन उजियारा
मिल गए दोनों साए
साँझ ने देखो रंग-रूप के
कैसे भेद मिटाए रे

लहराए पानी में जैसे, धूप-छाँव रे
गंगा आए कहाँ से, गंगा जाए कहाँ रे

काँच कोई, माटी कोई
रंग बिरंगे प्याले
प्यास लगे तो एक बराबर
जिसमें पानी डाले रे

गंगा आए कहाँ से, गंगा जाए कहाँ रे
लहराए पानी में जैसे, धूप-छाँव रे

# 3 मेरे अपने

रोज़ अकेली आए
रोज़ अकेली जाए
चाँद कटोरा लिये भिखारन रात

मोतियों जैसे तारे
आँचल में हैं सारे
जाने फिर में जाए भिखारन रात

जोगन जैसी लागे
न सोए न जागे
गली-गली में जाए भिखारन रात

रोज़ लगाए फेरा
है कोई नन्हा सवेरा
गोद में भर दो आई भिखारन रात

रोज़ अकेली आए
रोज़ अकेली जाए
चाँद कटोरा लिये भिखारन रात

# 4 ख़ामोशी

तुम पुकार लो, तुम्हारा इंतज़ार है
ख़्वाब चुन रही है रात, बेक़रार है
तुम्हारा इंतज़ार है

होंठ पे लिये हुए दिल की बात हम
जागते रहेंगे और कितनी रात हम

मुख़्तसर-सी बात है तुमसे प्यार है
तुम्हारा इंतज़ार है

दिल बहल तो जाएगा इस ख़याल से
हाल मिल गया तुम्हारा अपने हाल से

रात यह क़रार की बेक़रार है
तुम्हारा इंतज़ार है

तुम पुकार लो, तुम्हारा इंतज़ार है...

## 5 ख़ामोशी

हमने देखी है उन आँखों की महकती ख़ुशबू
हाथ से छू के इसे रिश्तों का इलज़ाम न दो
सिर्फ़ एहसास है यह, रूह से महसूस करो
प्यार को प्यार ही रहने दो, कोई नाम न दो

प्यार कोई बोल नहीं, प्यार आवाज़ नहीं
एक ख़ामोशी है, सुनती है, कहा करती है
न यह बुझती है, न रुकती है, न ठहरी है कहीं
नूर की बूँद है, सदियों से बहा करती है
हमने देखी है उन आँखों की...

मुस्कराहट-सी खिली रहती है आँखों में कहीं
और पलकों पे उजाले-से झुके रहते हैं
होंठ कुछ कहते नहीं, काँपते होंठों पे मगर
कितने ख़ामोश-से अफ़साने रुके रहते हैं
हमने देखी है उन आँखों की...

# 6 ख़ामोशी

वह शाम कुछ अजीब थी
यह शाम भी अजीब है
वह कल भी पास-पास थी
यह आज भी क़रीब है

झुकी हुई निगाह में
कहीं मेरा ख़याल था
दबी-दबी हँसी में इक
हसीन-सा गुलाल था

मैं सोचता था मेरा नाम
गुनगुना रही है वह
न जाने क्यों लगा मुझे
कि मुस्करा रही है वह

मेरा ख़याल है अभी
झुकी हुई निगाह में
खिली हुई हँसी भी है
दबी हुई-सी चाह में

मैं जानता हूँ मेरा नाम
गुनगुना रही है वह
यही ख़याल है मुझे
कि साथ आ रही है वह

वह शाम कुछ अजीब थी
यह शाम भी अजीब है

# 7 घर

आजकल पाँव ज़मीं पर नहीं पड़ते मेरे
बोलो, देखा है कभी तुमने मुझे उड़ते हुए

जब भी थामा है तेरा हाथ तो देखा है
लोग कहते हैं कि बस हाथ की रेखा है

हमने देखा है दो तक़दीरों को जुड़ते हुए
आजकल पाँव ज़मीं पर नहीं पड़ते मेरे

नीदं-सी रहती है, हलका-सा नशा रहता है
रात-दिन आँखों में इक चेहरा बसा रहता है

पर-लगी आँखों को देखा है कभी उड़ते हुए
आजकल पाँव ज़मीं पर नहीं पड़ते मेरे

जाने क्या होता है, हर इक बात पे कुछ होता है
दिन में कुछ होता है और रात में कुछ होता है

थाम लेना, जो कभी देखो हमें उड़ते हुए
आजकल पाँव ज़मीं पर नहीं पड़ते मेरे
बोलो, देखा है कभी तुमने मुझे उड़ते हुए

# 8 घर

आपकी आँखों में कुछ महके हुए-से राज़ हैं
आपसे भी ख़ूबसूरत आपके अंदाज़ हैं

लब हिलें तो मोगरे के फूल खिलते हैं कहीं
आपकी आँखों में क्या साहिल भी मिलते हैं कहीं

आपकी ख़ामोशियाँ भी आपकी आवाज़ हैं
आपकी आँखों में कुछ...

आपकी बातों में फिर कोई शरारत तो नहीं
बेवजह तारीफ़ करना आपकी आदत तो नहीं

आपकी बदमाशियों के यह नए अंदाज़ हैं
आपकी आँखों में कुछ...

## 9 घर

तेरे बिना
जिया जाए ना
बिन तेरे, तेरे बिन, साजना, साँस में साँस आए ना
तेर बिना
जिया जाए ना

जब भी ख़यालों में तू आए
मेरे बदन से ख़ुशबू आए
महके बदन में रहा न जाए

रहा जाए ना
तेरे बिना...

रेशमी रातें रोज़ न होंगी
ये सौगातें रोज़ न होंगी
ज़िंदगी तुझ बिन रास न आए

रास आए ना
तेरे बिना...

# 10 घर

फिर वही रात है
रात है ख़्वाब की
देखा करेंगे तुम्हें
फिर वही रात है
रात है ख़्वाब की

मासूम-सी नींद में
जब कोई सपना चले
हमको बुला लेना तुम
पलकों के पर्दे तले

यह रात है ख़्वाब की
फिर वही रात है

काँच के ख़्वाब हैं
आँखों में चुभ जाएँगे
पलकों में लेना इन्हें
आँखों में रुक जाएँगे

यह रात है ख़्वाब की
फिर वही रात है
रात है ख़्वाब की
देखा करेंगे तुम्हें

# 11 घरौंदा

एक अकेला इस शहर में
रात में और दोपहर में

आब-ओ-दाना ढूँढ़ता है
आशियाना ढूँढ़ता है

दिन ख़ाली-ख़ूली बर्तन है
और रात है जैसे अंधा कुआँ
इन सूनी अँधेरी आँखों में
आँसू की जगह आता है धुआँ

जीने की वजह तो कोई नहीं
मरने का बहाना ढूँढ़ता है
एक अकेला इस शहर में...

इन उम्र से लम्बी सड़कों को
मंज़िल पे पहुँचते देखा नहीं
बस दौड़ती-फिरती रहती हैं
हमने तो ठहरते देखा नहीं

इस अजमबी-से शहर में
जाना-पहचाना ढूँढ़ता है
एक अकेला इस शहर में...

# 12 घरौंदा

दो दीवाने शहर में
रात में या दोपहर में
आब-ओ-दाना ढूँढ़ते हैं
इक आशियाना ढूँढ़ते हैं

इन भूल-भुलैयाँ गलियों में
अपना भी कोई इक घर होगा
अम्बर पे खुलेगी खिड़की या
खिड़की में खुला अम्बर होगा

आस्मानी रंग की आँखों में
बसने का बहाना ढूँढ़ते हैं
दो दीवाने शहर में...

जब तारे ज़मीं पर जलते हैं
आकाश ज़मीं हो जाता है
उस रात नहीं फिर घर जाता
वह चाँद यहीं सो जाता है

पल-भर के लिए इन आँखों में
हम एक ज़माना ढूँढ़ते हैं
दो दीवाने शहर में...

# 13 पलकों की छाँव में

घुँघटा गिरा है, ज़रा घुँघटा उठा दे रे
कोई मेरे माथे की बिंदिया सजा दे रे
मैं दुल्हिन-सी लगती हूँ, दुल्हन बना दे रे

आँखों में रात का काजल लगाए
मैं आँगन में ठंडे सवेरे बिछा दूँ
जो पैरों में मेहँदी की अगिन लगा दे रे
घुँघटा गिरा है, ज़रा घुँघटा उठा दे रे

न चिट्ठी ही आई न संदेसा आया
हर आहट पे आने का अंदेसा आया
कोई झूठी-मूठी किवड़िया हिला दे रे
घुँघटा गिरा है, ज़रा घुँघटा उठा दे रे

# 14 पलकों की छाँव में

लड़खड़ाने दो मुझे, होश में रुसवाई है
मैं तमाशा तो नहीं, दुनिया तमाशाई है
लड़खड़ाने दो मुझे...

ज़िदगी ज़हर सही, ज़हर का प्याला भर लो
मौत के बाद सही, मिलने का वादा कर लो

हमने भी कौन-सी जीने की क़सम खाई है
लड़खड़ाने दो मुझे...

मैं अगर गिरने लगूँ, तुम न सँभाला देना
कोई न जाने, मेरे हाथों में पियाला देना

लोगों को कहने देना, कोई सौदाई है
लड़खड़ाने दो मुझे...

# 15 सन्नाटा

दो अकेले चल रहे हैं
रात अकेली, चाँद अकेला
हमसफ़र दो अजनबी-से
रात अकेली, चाँद अकेला

आवारा सफ़र
जाए कौन कहाँ
वीराँ है ज़मीं
वीराँ आस्माँ

दो किनारे चल रहे हैं
रात अकेली, चाँद अकेला

आवाज़ों में है
सन्नाटों की धुन
नज़रों की ज़ुबाँ
ख़ामोशी है सुन

दो इशारे चल रहे हैं
रात अकेली, चाँद अकेला

# 16 आशीर्वाद

झिर-झिर बरसें सावनी अँखियाँ
सौंवरिया घर आ
तेर संग सब रंग बसंती
तुझ बिन सब सूखा

रेशमी बुँदियाँ तन पे मारें
छेड़ करें भीगी बौछारें

मानत ना, मानत ना जियरा
झिर-झिर बरसें...

बावरी बिरहन कल न पाए
पल बीते जैसे जुग जाए

कैसे कटे बिरहा
झिर-झिर बरसें...

# 17 आशीर्वाद

इक था बचपन
छोटा-सा नन्हा-सा बचपन
इक था बचपन

बचपन के इक बाबू जी थे
अच्छे-सच्चे बाबू जी थे
दोनों का सुंदर था बंधन। इक था बचपन...

टहनी पर चढ़के जब फूल बुलाते थे
हाथ उसके छोटे, टहनी तक न जाते थे
बचपन के नन्हे हाथ उठाकर वह
फूलों से हाथ मिलाते थे। इक था बचपन...

चलते-चलते जाने कब इन राहों में
बाबू जी बस गए बचपन की बाँहों में
मुट्ठी में बंद हैं वह सूखे फूल अभी
ख़ुशबू है जीने की चाहों में। इक था बचपन...

मेरे होंठों पे उनकी आवाज़ भी है
साँसों में विश्वास भी है
जाने किस मोड़ पे मिल जाएँगे वह
पूछेंगे बचपन की असास भी है। इक था बचपन...

# 18 राहगीर

मितवा रे भूल गए थे राहें
मितवा
लाखों रस्ते एक मुसाफ़िर
जाने कहाँ थीं तेरी राहें
मितवा

लम्बे सूने वीरानों में
कितनी बार रुके दिलवाले
धूप में देखीं छाँव की चोटें
छाँव में देखे धूप के छाले

होंठों पर ही रोक ली हमने
एक हँसी और सारी आहें
मितवा

एक से एक जुदा था राही
पास थे सारे, संग न कोई
सब रंगों के देखे चेहरे
उन आँखों का रंग न कोई

जिन बाँहों में नींद आ जाए
ढूँढ रहे हैं वह ही बाँहें
मितवा रे

# 19 राहगीर

जनम से बंजारा हूँ बंधु, जनम-जनम बंजारा
कहीं कोई घर न घाट न अँगनारा

जहाँ कहीं ठहर गया दिल, हमने डाले डेरे
रात कहीं नमकीन मिली तो मीठे साँझ-सवेरे

कभी नगरी छोड़ी, साहिल छोड़ा, लिया मँझधारा रे
कहीं कोई घर न...

सोच ने जब करवट बदली, शौक ने पर फैलाए
मैंने आशियाँ के तिनके सारे डाल से उड़ाए

कभी रिश्ते तोड़े, नाते तोड़े, छोड़ा कूल-किनारा रे
कहीं कोई घर न...

# 20 दो दूनी चार

हवाओं पे लिख दो हवाओं के नाम
हम अनजान परदेसियों का सलाम
हवाओं पे लिख दो...

यह किसके लिए है, बता, किसके नाम
ओ पंछी, यह तेरा, सुरीला सलाम
हवाओं पे लिख दो...

शाख़ पर जब धूप आई
हाथ छूने के लिए
छाँव छम् से नीचे कूदी
हँसके बोली, आइए

यहाँ सुबह से खेला करती है शाम
हवाओं पे लिख दो...

चुलबुला यह पानी अपनी
राह बहना भूलकर
लेटे-लेटे आईना
चमका रहा है फूल पर

ये भोले-से चेहरे हैं, मासूम नाम
हवाओं पे लिख दो हवाओं के नाम
हम अनजान परदेसियों का सलाम

# 21 मेरे अपने

कोई होता, जिसको अपना, हम अपना कह लेते, यारो
पास नहीं तो दूर ही होता, लेकिन कोई मेरा अपना

आँखों में नींद न होती
आँसू ही तैरते रहते
ख़्वाबों में जागते हम रात-भर

कोई तो ग़म अपनाता, कोई तो साथी होता
कोई होता, जिसको अपना, हम अपना कह लेते, यारो

भूला हुआ कोई वादा
बीती हुई कुछ यादें
तनहाई दोहराती है रात-भर

कोई दिलासा होता, कोई तो अपना होता
पास नहीं तो दूर ही होता, लेकिन कोई मेरा अपना

# 22 दूसरी सीता

दिन जा रहे हैं या रातों के साए
अपनी सलीबें ख़ुद ही उठाए

जब कोई डूबा
रातों का तारा
कोई सवेरा
वापस न आया

वापस जो आए, वीरान साए
दिन जा रहे हैं या रातों के साए

जीना तो कोई
मुश्किल नहीं था
मगर डूब जाने को
साहिल नहीं था

साहिल से कोई अब तो बुलाए
दिन जा रहे हैं या रातों के साए

साँसों की डोरी
टूटे न टूटे
ज़रा ज़िंदगी से
दामन तो छूटे

कोई ज़िंदगी के हाथ न आए
दिन जा रहे हैं या रातों के साए

# 23 गुड्डी

बोले रे पपीहरा
पपीहरा
बोले रे पपीहरा

इक घन बरसे, इक मन प्यासा
इक मन प्यासा, इक मन तरसे
बोले रे पपीहरा...

पलकों पर इक बूँद सजाए
बैठी हूँ सावन ले जाए
जाए, पी के देश में बरसे
इक मन प्यासा, इक मन तरसे
बोले रे पपीहरा...

सावन जो संदेसा लाए
मेरी आँख़ के मोती पाए
दान मिले बाबुल के घर से
इक मन प्यासा, इक मन तरसे
बोले रे पपीहरा...

# 24 गुड्डी

हमको मन की शक्ति देना, मन विजय करें
दूसरों की जय से पहले ख़ुद को जय करें
हमको मन की शक्ति देना...

भेद-भाव अपने दिल से साफ़ कर सकें
दोस्तों से भूल हो तो माफ़ कर सकें

झूठ से बचे रहें, सच का दम भरें
दूसरों की जय से पहले ख़ुद को जय करें
हमको मन की शक्ति देना...

मुश्किलें पड़ें तो हम पे, इतना करम कर
साथ दें तो धरम का, चलें तो धरम पर

ख़ुद पे हौसला रहे, बदी से न डरें
दूसरों की जय से पहले ख़ुद को जय करें
हमको मन की शक्ति देना...

# 25 शक

मेंहा बरसने लगा है आज की रात
आज की रात मेंहा बरसने दो

पत्ते-पत्ते पर बूँदें बरसेंगी
डाली-डाली पर झूमेगा सावन
प्यासे होंठों को चूमेगी बारिश
आज आँखों में फूलेगा सावन

धुआँ-धुआँ-सा हो रहा है जहाँ
आज दोनों जहाँ सुलगने दो
आज की रात मेंहा बरसने दो...

आज चाहे बरसे कहीं भी रे पानी
चाहे कितना भी मुझसे दूर होगा
मेरे घर पे बरसी बदली से
कोई रिश्ता कहीं ज़रूर होगा

मोती-मोती बिखर रहा है गगन
पानी-पानी है सब पिघलने दो
मेंहा बरसने लगा है आज की रात
आज की रात मेंहा बरसने दो...

# 26 परिचय

मुसाफ़िर हूँ यारो
न घर न ठिकाना
मुझे चलते जाना है
बस चलते जाना

एक राह रुक गई, तो और जुड़ गई
मैं मुड़ा तो साथ-साथ राह मुड़ गई

हवा के परों पर
मेरा आशियाना
मुसाफ़िर हूँ यारो...

दिन ने हाथ थामकर इधर बिठा लिया
रात ने इशारे से उधर बुला लिया

सुबह से, शाम से
मेरा दोस्ताना
मुसाफ़िर हूँ यारो...

# 27 परिचय

बीती न बिताई रैना
बिरहा की जाई रैना
भीगी हुई अँखियों ने
लाख बुझाई रैना

बीती हुई बतियाँ कोई दोहराए
भूले हुए नामों से कोई तो बुलाए

चाँद की बिंदीवाली
बिंदीवाली रतियाँ
जागी हुई अँखियों में
रात न आई रैना
बीती न बिताई रैना...

युग आते हैं और युग जाएँ
छोटी-छोटी यादों के पल नहीं जाएँ

झूठ से काली लागें
लागें काली रतियाँ
रूठी हुई अँखियों ने
लाख मनाई रैना
बीती न बिताई रैना...

## 28 ख़ुशबू

ओ, माँझी रे
अपना किनारा
नदिया की धारा है

साहिलों पे बहनेवाले
कभी सुना तो होगा कहीं
कागज़ों की कश्तियों का
कोई किनारा होता नहीं

कोई किनारा, जो किनारे से मिले
वह अपना किनारा है
ओ माँझी रे...

पानियों में बह रहे हैं
कई किनारे टूटे हुए
रास्तों में मिल गए हैं
सभी सहारे छूटे हुए

कोई सहारा, मँझधार में मिले तो
अपना सहारा है
ओ माँझी रे...

# 29 ख़ुशबू

घर जाएगी
तर जाएगी
डोलिया चढ़ जाएगी

मेहँदी लगाय के रे
काजल सजाय के रे
दुल्हनिया मर जाएगी...

धीरे-धीरे ले के चलना
आँगन से निकलना
कोई देखे न दुल्हन को गली में
दो अँखियाँ झुकाए हुए
घुँघटा गिराए हुए
मुखड़ा छुपाए हुए चली मैं

जाएगी, घर जाएगी
तर जाएगी
डोलिया चढ़ जाएगी...

मेहँदी-मेहँदी खेली थी मैं
तेरी ही सहेली थी मैं
तूने जब कुसुम को चुना था
तुने मेरा नाम कभी आँखों में बुलाया नहीं
मैंने जाने कैसे सुना था
जाएगी, घर जाएगी
तर जाएगी...

## 30 ख़ुशबू

दो नैनों में
आँसू भरे हैं
निंदिया कैसे समाए

डूबी-डूबी आँखों में सपनों के साए
रात-भर अपने हैं दिन में पराए

कैसे नैनों में
निंदिया समाए

झूठे तेरे वादों पे बरस बिताए
ज़िंदगी तो काटी, यह रात कट जाए

कैसे नैनों में
निंदिया समाए
दो नैनों में...

## 31 अनुभव

मेरा दिल जो मेरा होता
पलकों से पकड़ लेती
होंठों पे उठा लेती
हाथों में ख़ुदा होता

सूरज को मसलकर मैं
चंदन की तरह मलती
सोने का बदन लेकर
कुंदन की तरह जलती

इस गोरे-से चेहरे पर
आईना फ़िदा होता
मेरा दिल...

बरसा है कई बरसों
आकाश समंदर में
इक बूँद है चंदा की
उतरी न समंदर में

दो हाथों की ओक में यह
गिर पड़ता तो क्या होता
हाथों में ख़ुदा होता...

# 32 अनुभव

मेरी जाँ,
मुझे जाँ न कहो, मेरी जाँ!

जाँ न कहो अनजान मुझे
जान कहाँ, रहती है सदा
अनजाने क्या जानें
जान से जाए कौन भला

मेरी जाँ,
मुझे जाँ ना कहो, मेरी जाँ !

रूठे सावन बरस गए
कितनी बार इन आँखों से
दो बूंदें ना बरसीं
इन भीगी पलकों से

होंठ झुके जब होठों पर
साँस लिखे हों साँसों में
दो जुड़वाँ होंठों की
बात कहो आँखों से

मेरी जाँ,
मुझे जाँ ना कहो, मेरी जाँ !

# 33 किताब

हरि, दिन तो बीता, शाम हुई, रात पार करा दे
बीता मेरा काल तो बीता, कूल पार करा दे

मैंने साथ लिया न कोई
दोशाला न लोई
अपने छूटे, सपने छूटे
आशा और छुड़ा दे

हरि, दिन तो बीता, शाम हुई, रात पार करा दे

दाता, तेरे द्वार खड़ी हूँ
माँगूँ मोती दान
बंधु छूटे, बंधन छूटे
छोर पार करा दे

हरि, दिन तो बीता, शाम हुई, रात पार करा दे
बीता मेरा काल तो बीता, कूल पार करा दे

# 34 किताब

मेरे साथ चले न साया
धरम नहीं, करम नहीं
जनम गँवाया

मेरे लिए दिन भी अँधेरा
मेरे लिए रात भी लाए न सबेरा

जो दे उजाला, दे सबेरा
वही मेरा हमसाया
धरम नहीं, करम नहीं...

मेरे लिए जगत सौतेला
भरी हुई भीड़ में रहा अकेला

जो दे उजाला, दे किनारा
वही मेरा हमसाया
धरम नहीं, करम नहीं
जनम गँवाया

## 35 गोलमाल

आनेवाला पल, जानेवाला है
हो सके तो इस में
ज़िंदगी बिता दो
पल जो यह जानेवाला है
आनेवाला पल...

इक बार यूँ मिली
मासूम-सी कली
खिलते हुए कहा
ख़ुशबाश मैं चली

देखा तो यहीं है
ढूँढा तो नहीं है
पल जो यह जानेवाला है
आनेवाला पल...

इक बार वक़्त से
लम्हा गिरा कहीं
वहाँ दास्ताँ मिली
लम्हा कहीं नहीं
थोड़ा-सा हँसाके
थोड़ा-सा रुलाके

पल जो यह जानेवाला है
आनेवाला पल जानेवाला है

# 36 गोलमाल

इक बात कहूँ, गर मानो तुम
सपनों में न आना, जानो तुम
मैं नींद में उठकर चलती हूँ
जब देखती हूँ, सच मानो तुम

कल भी हुआ कि तुम गुज़रे थे पास से
थोड़े-से अनमने, थोड़े उदास-से
भागी थी मनाने नींद से लेकिन
सोफ़े से गिर पड़ी
इक बात कहूँ...

परसों की बात है तुमने बुलाया था
तुम्हारे हाथों से चेहरा छुपाया था
चूमा था हाथ को नींद में लेकिन
पाया पलँग का था
इक बात कहूँ...

उस दिन भी रात को, तुम ख़्वाब में मिले
और खामखाह केवल करते रहे गिले
काश, यह नींद और ख़्वाब के यूँही
चलते रहें सिलसिले
इक बात कहूँ, गर मानो तुम
सपनों में न आना, जानो तुम

# 37 कोशिश

किसी आसमाँ पे तो साहिल मिलेगा
मैं लाने वही आसमाँ जा रहा हूँ
जहाँ पे ज़मीं आसमाँ छू रही है
वहीं जा रहा हूँ, वहाँ जा रहा हूँ

कई बार देखी हैं सिंदूरी शामें
उफ़क़ से परे जगमगाती हुईं
कई बार ख़ामोशियों में सुना है
गुज़रती हैं मुझको बुलाती हुईं

जहाँ पे मिले वह जहाँ, जा रहा हूँ
मैं लाने वही आसमाँ जा रहा हूँ

बहुत बार सोचा यह सिंदूरी रोग़न
जहाँ पे खड़ा हूँ वहीं पे बिछा दूँ
यह सूरज के ज़र्रे ज़मीं पर मिलें तो
इक और आसमाँ इस ज़मीं पे बिछा दूँ

जहाँ पे मिले वह जहाँ, जा रहा हूँ
मैं लाने वही आसमाँ जा रहा हूँ

## 38 किनारा

एक ही ख़्वाब कई बार देखा है मैंने
तूने साड़ी में उड़स ली हैं मेरी चाबियाँ घर की
और चली आई है बस, यूँ ही मेरा हाथ पकड़कर
एक ही ख़्वाब...

मेज़ पर फूल सजाते हुए देखा है कई बार
और बिस्तर से कई बार जगाया भी है तुझको
चलते-फिरते तेरे क़दमों की वह आहट भी सुनी है
एक ही ख़्वाब...

गुनगुनाती हुई निकली है नहाके जब भी
अपने भीगे हुए बालों से टपकता पानी
मेरे चेहरे पे छिटक देती है तू टिकू की बच्ची
एक ही ख़्वाब...

ताश के पत्तों पर लड़ती है कभी खेल में मुझसे
और कभी लड़ती भी है ऐसे कि बस खेल रही है
और आग़ोश में नन्हे को लिये...

'विल यू शटअप'?

और जानती हो, टिकू, जब तुम्हारा यह ख़्वाब देखा था
अपने बिस्तर पे मैं उस वक़्त पड़ा जाग रहा था

# 39 किनारा

नाम गुम जाएगा, चेहरा यह बदल जाएगा
मेरी आवाज़ ही पहचान है, गर याद रहे

वक़्त के सितम कम हसीं नहीं
आज है यहाँ कल कहीं नहीं
वक़्त से परे अगर मिल गए कहीं

मेरी आवाज़ ही पहचान है, गर याद रहे

जो गुज़र गई, कल की बात थी
उम्र तो नहीं, एक रात थी
रात का सिरा, फिर मिले कहीं

मेरी आवाज़ ही पहचान है, गर याद रहे

दिन ढले जहाँ, रात पास हो
ज़िंदगी की लौ, ऊँची कर चलो
याद आए गर कभी, जी उदास हो

मेरी आवाज़ ही पहचान है, गर याद रहे

नाम गुम जाएगा, चेहरा यह बदल जाएगा
मेरी आवाज़ ही पहचान है, गर याद रहे

# 40 किनारा

अबके ना सावन बरसे
अबके बरस तो बरसेंगी अँखियाँ
अबके ना सावन बरसे

जाने कैसे अबके यह मौसम बीते
बीतेगी जो तेरे बिन वह कम बीते
तेरे बिना सावन सूखे

तेरे बिना अब तो यह मन तरसे
अब के ना सावन बरसे

जाने कब आए दिन, कब ढल जाए
तेरे बिना अँखियों से रात न जाए

तेरे बिना अब तो यह दिन तरसे
अबके ना सावन बरसे
अबके बरस तो बरसेंगी अँखियाँ
अबके ना सावन बरसे

# 41 किनारा

मीठे बोल बोले, बोले पायलिया
मीठे बोल बोले
छुम-छुनन बोले, झनक-झन बोले
मीठे बोल बोले, बोले पायलिया

पग-पग नाचे रे
घुँघरू की दासी
इक पग राधा-जैसी
इक पग मीरा-जैसी

साँवरे की बोली, बोले पायलिया
मीठे बोल बोले...

नैनों की बाँसुरी
कोई सुनाए
अँखियों की ज्योति से
ज्योति जलाए

बावरी-सी डोले, डोले पायलिया
मीठे बोल बोले, बोले पायलिया

## 42 किनारा

कोई नहीं है कहीं
सपनों में क्यों खो गई
बोलो ना
बोलो ना
कोई नहीं है कहीं

फिर आँख नम हो गई
फिर कोई याद आ गया है
रोशनी कम हो गई

किनारा मिलेगा यहीं रे
कोई नहीं है कहीं

बात थी ख़्वाब की
ख़्वाब में बीत चुकी है
ख़्वाब दोहराते नहीं

ज़िंदगी सपना नहीं रे
कोई नहीं है कहीं
कोई नहीं है कहीं

# 43 देवता

चाँद चुराके लाया हूँ
चल बैठें चर्च के पीछे
न कोई देखे, न पहचाने
बैठें पेड़ के नीचे

कल बापू जाग गए थे
मेरी लाज की सोचो

अरे, जो होना था कल हुआ था
आज तो आज की सोचो

चाँद चुराके लाई हूँ
चल बैठें चर्च के पीछे

चल दरिया पर कश्ती लेकर
दूर कहीं बह जाएँ
ढूँढ़ न पाएँ बस्तीवाले
साहिल से कह जाएँ

चाँद चुराके लाया हूँ
चल बैठें चर्च के पीछे
न कोई देखे, न पहचाने
बैठें पेड़ के नीचे

# 44 देवता

मैं तो कारे बदरवा से हारी
गरजे तो रात जगाए
बरसे तो आग लगाए
मैं तो कारे बदरवा से हारी

अगर माँगा कभी तुझसे
तो बस इतना ही माँगेंगे
तेरे पहलू में सोए हैं
तेरे पहलू में जागेंगे

बादरवा बिजली चमकाए
बरसे तो आग लगाए
मैं तो कारे बदरवा से हारी

नहीं, रूठे नहीं, बाबू
तुम्हें पसंद करते हैं
तुम्हें जब देखना होता है
आँखें बंद करते हैं

बादरवा घिर-घिर आए
बरसे तो आग लगाए
मैं तो कारे बदरवा से हारी

# 45 देवता

गुलमोहर गर तुम्हारा नाम होता
मौसमे-गुल को हँसाना भी हमारा काम होता
गुलमोहर गर तुम्हारा नाम होता

आएँगी बहारें तो, अबके उन्हें कहना ज़रा
इतना सुनें, मेरे गुल बिना, उनका कहाँ,
बहार नाम होता
गुलमोहर गर तुम्हारा....

शाम के गुलाबी-से
आँचल में दीया जला
है चाँद का
मेरे उन बिना
उसका कहाँ
चाँद नाम होता

गुलमोहर गर तुम्हारा नाम होता
मौसमे-गुल को हँसाना भी हमारा काम होता

## 46 देवता

जब एक क़ज़ा से गुज़रो तो
इक और क़ज़ा मिल जाती है
मरने की घड़ी मिलती है अगर
जीने की सज़ा मिल जाती है

इस दर्द के बहते दरिया में
हर ग़म है मरहम, कोई नहीं
हर दर्द का ईसा मिलता है
ईसा की मरियम कोई नहीं
साँसों की इजाज़त मिलती नहीं
जीने की रज़ा मिल जाती है

मैं वक़्त का मुजरिम हूँ लेकिन
इस वक़्त ने नया इंसाफ किया
जब तक जीते हो, जलते रहो
जल जाओ तो कहना माफ़ किया
जल जाए ज़रा-सी चिंगारी
तो और हवा मिल जाती है

कुछ ऐसे क़िस्मत वाले हैं
कि जिनकी क़िस्मत होती नहीं
हँसना भी मना होता है उन्हें
रोने की इजाज़त होती नहीं
बेनाम-सा मौसम जीते हैं
बेरंग फ़ज़ा मिल जाती है

# 47 सन्नाटा

बस एक चुप-सी लगी है, नहीं उदास नहीं
कहीं पे साँस रुकी है, नहीं उदास नहीं

कोई अनोखी नहीं ऐसी ज़िंदगी लेकिन
मिली जो, खूब मिली है, नहीं उदास नहीं

सहर भी, रात भी, दोपहर भी मिली लेकिन
हमीं ने शाम चुनी है, नहीं उदास नहीं

बस एक चुप-सी लगी है, नहीं उदास नहीं
कहीं पे साँस रुकी है, नहीं उदास नहीं

# 48 किनारा

जाने क्या सोचकर नहीं गुज़रा
एक पल रात-भर नहीं गुज़रा

अपनी तनहाई का औरों से न शिकवा करना
तुम अकेले ही नहीं हो सभी अकेले हैं

यह अकेला सफ़र नहीं गुज़रा
जाने क्या सोचकर नहीं गुज़रा

दो घड़ी जीने की मोहलत तो मिली है सबको
तुम भी मिल .जाओ घड़ी-भर को यह कम होता है

इक घड़ी का सफ़र नहीं गुज़रा
जाने क्या सोचकर नहीं गुज़रा
एक पल रात-भर नहीं गुज़रा

# 49 बीवी और मकान

कितनी अनजानी सूरतें लेकर
लब पे जाने-से नाम आते हैं
किसको मालूम था मुहब्बत में
ऐसे-ऐसे मुक़ाम आते हैं

जाने कहाँ देखा है
कहाँ देखा है तुम्हें
जागी-जागी आँखों के
सपनों में
कहाँ देखा है तुम्हें

जमुना किनारे कभी
भीगी-भीगी चोली में
साँवरे के संग कभी
गोपियों की टोली में

कहाँ-कहाँ पूछा है
कहाँ-कहाँ ढूँढ़ा है
कहाँ देखा है तुम्हें

रावी के किनारे जहाँ
हीर की सहेलियाँ
पूछती हैं रोज़ वही
प्यार की पहेलियाँ

कहाँ देखा है तुम्हें

नील के किनारे कभी
शाम के उजालों में
जुलेख़ा पुकारा है
तुमको ख़यालों में

कहाँ-कहाँ पूछा है
कहाँ-कहाँ ढूँढ़ा है
कहाँ देखा है तुम्हें

## 50 बीवी और मकान

सावन में बरखा सताए
पल-पल, छिन-छिन बरसे
तेरे लिए मन तरसे

तू ही बता दे, साजन, समझ न आए
अगन लगाए कहीं अगन बुझाए
बरखा रसीली जैसे तेरी हँसी हो

हँस दे ज़रा, रस बरसे
तेरे लिए मन तरसे

आज तो बरसने दे
इन बादलों को
गोरी मिली है कोई
इन सावनों को

बरखा रँगीली, जैसे नयन हों तेरे

नयन मिला, रंग बरसे
तेरे लिए मन तरसे

# 51 बीवी और मकान

नहीं ऐसे दाँतों में उँगली दबाओ नहीं
नहीं रात जागी हो हमसे छुपाओ नहीं

कोई सपने में आता रहा रात-भर
न मैं सोई, न जागी, सताओ नहीं

कौन था, कैसा था, बताओ ना?

कोई अनजान-सी एक पहचान थी
मेरी आँखों में झुककर बुलाती रही
न मैं बोली, न मैं जागी
सिर्फ़ साँसों की आवाज़ आती रही
एक आग़ोश में क़ैद थी रात-भर
लो, बता तो दिया अब सताओ नहीं

तुमको सपनों की सौगंध, बनाओ नहीं
रात जागी हो हमसे छुपाओ नहीं

जिस्म जलता रहा, जैसे खुशबू जले
साँस होंठों पे आ के सुलगते रहे
न जली मैं न बुझी मैं
मेरे होंठों पे सावन बरसते रहे
शौक़ बलता रहा एड़ियाँ रात-भर
लो, बता तो दिया अब सताओ नहीं

जाओ-जाओ हमें यूँ बनाओ नहीं
दिल दिया है किसी को छुपाओ नहीं

# 52 देवदास

सहमा-सहमा डरा-सा रहता है
जाने क्यों जी भरा-सा रहता है

ज़िंदगी जैसे ख़ाली कुआँ है
दूर तक सिर्फ़ धुआँ-धुआँ है

जल गया सब, ज़रा-सा रहता है

दर्द होता है ऐसे जीने में
साँस बजती है ख़ाली सीने में

जाने क्यों मन मरा-सा रहता है
सहमा-सहमा डरा-सा रहता है
जाने क्यों जी भरा-सा रहता है

## 53 थोड़ी-सी बेवफ़ाई

आज बिछुड़े हैं, कल का डर भी नहीं
ज़िंदगी इतनी मुख़्तसर भी नहीं

जख़्म दिखते नहीं अभी लेकिन
ठंडे होंगे तो दर्द निकलेगा
तैश उतरेगा वक़्त का जब भी
चेहरा अंदर से ज़र्द निकलेगा
आज बिछुड़े हैं...

कहनेवालों का कुछ नहीं जाता
सहनेवाले कमाल करते हैं
कौन ढूँढ़े जवाब दर्दों के
लोग तो बस सवाल करते हैं
आज बिछुड़े हैं...

कल जो आएगा जाने क्या होगा
बीत जाएँ जो कल, नहीं आते
वक़्त की शाख़ तोड़नेवालो
टूटी शाखों पे फल नहीं आते
आज बिछुड़े हैं...

कच्ची मिट्टी है, दिल भी, इन्साँ भी
देखने ही में सख़्त लगता है
आँसू पोंछे तो आँसुओं के निशाँ
खुश्क होने में वक़्त लगता है

आज बिछुड़े हैं, कल का डर भी नहीं
ज़िंदगी इतनी मुख़्तसर भी नहीं

## 54 दूसरी सीता

आए
आए रे
नन्हे-मुन्ने राजा को निंदिया सुलाए
भोली-भाली अँखियों पे
निंदिया की गुड़िया-सी सपने सजाए रे
आए
आए रे

माँ की गोदी से तुझको
काश परियाँ ले जाएँ
और देने को क्या है
झूठी-मूठी दुआएँ
कोई आए, ले आए
नन्हे-मुन्ने राजा को निंदिया सुलाए

जा, जहाँ कोई तेरा
औ' पराया न होगा
मेरी आँखों का
मेरी बातों का तुझ पर
यह साया न होगा

कोई आए, ले जाए
नन्हे-मुन्ने राजा को निंदिया सुलाए

## 55 गहराई

राख उड़ाई धूप ने
दिन में साँझ करी
कोख जलाय के माई की
माटी बाँझ करी

लोहू जनमे माइयाँ
जिन लोहा जाय लगे
जड़ से सूखें डारियाँ
जिन माँ की हाय लगे

काई खा के जल मरे
बीज को श्राप लगे
कुछ न उपजे माटी में
जिस माटी पाप लगे

घोर अँधेरा बीजियो
ता काला नाग फले
नास करे विनाशनी
बिन पैराँ आग चले

# 56 बीवी और मकान

दबे लबों से कभी जो कोई सलाम ले ले
मैं आस्माँ की तरह से गूँजूँ जो नाम ले ले
दबे लबों से...

सुनी थी कहानी कवियों से
भँवरे मिलेंगे कलियों से
मिलेंगे सुनहरे शहज़ादे
उजली-सुनहरी परियों से

उजले रंग लिये, खिलते अंग लिये
नील परी से कम तो नहीं, आए कोई थाम ले
दबे लबों से...

अजी इश्क पे ज़ोर नहीं है
इक बात चली थी 'ग़ालिब' से
हमें हुस्न पे ज़ोर नहीं है
कह दो यह हमारी जानिब से

सोचा था जो अंग खिलेंगे
बाँधेगा कोई गजरों से
मानेंगे, सुनेंगे जो कहेगा
दो रेशमी-सी नज़रों से

दिल भी हाज़िर है, जाँ भी हाज़िर है
दिल और जाँ के काबिल कोई, आए ज़रा थाम ले
दबे लबों से...

# 57 थोड़ी-सी बेवफ़ाई

हज़ार राहें, मुड़के देखीं
कहीं से कोई सदा न आई
बड़ी वफ़ा से निभाई तुमने
हमारी थोड़ी-सी बेवफ़ाई

जहाँ से तुम मोड़ मुड़ गए थे
यह मोड़ अब भी वहीं पड़े हैं
हम अपने पैरों में जाने कितने
भँवर लपेटे हुए खड़े हैं

कहीं किसी रोज़ यूँ भी होता
हमारी हालत तुम्हारी होती
जो रात हमने गुज़ारी मरके
वह रात तुमने गुज़ारी होती

तुम्हें यह ज़िद थी कि हम बुलाते
हमें यह उम्मीद वह पुकारें
है नाम होंठों पे अब भी लेकिन
आवाज़ में पड़ गई दरारें

हज़ार राहें, मुड़के देखीं
कहीं से कोई सदा न आई
बड़ी वफ़ा से निभाई तुमने
हमारी थोड़ी-सी बेवफ़ाई

# 58 मौसम

दिल ढूँढ़ता है फिर वही फ़ुर्सत के रात-दिन
बैठे रहें तसव्वुरे-जानाँ किए हुए

जाड़ों की नर्म धूप और
आँगन में लेटकर
आँखों पे खींचकर तेरे
दामन के साए को
औंधे पड़े रहें, कभी
करवट लिये हुए
दिल ढूँढ़ता है...

या गर्मियों की रात जो
पुरवाइयाँ चलें
ठंडी सफ़ेद चादरों पे
जागें देर तक
तारों को देखते रहें
छत पर पड़े हुए
दिल ढूँढ़ता है...

बर्फ़ीली सर्दियों में किसी भी पहाड़ पर
वादी में गूँजती हुई ख़ामोशियाँ सुनें
आँखों में भीगे-भीगे-से लम्हे लिये हुए

दिल ढूँढ़ता है फिर वही फ़ुर्सत के रात-दिन
बैठे रहें तसव्वुरे-जानाँ किए हुए

## 59 मौसम

रुके-रुके-से क़दम, रुक के बार-बार चले
क़रार लेके तेरे दर से बेक़रार चले

सुबह न आई कई बार नींद से जागे
थी एक रात की यह ज़िंदगी, गुज़ार चले

उठाए फिरते थे एहसान दिल का सीने पर
ले, तेरे क़दमों में, यह क़र्ज़ भी उतार चले

रुके-रुके-से क़दम, रुक के बार-बार चले
क़रार लेके तेरे दर से बेक़रार चले

## 60 आँधी

इस मोड़ से जाते हैं
कुछ सुस्त-क़दम रस्ते
कुछ तेज़-क़दम राहें

पत्थर की हवेली को
शीशे के घरौंदों में
तिनकों के नशेमन तक
इस मोड़ से जाते हैं...

आँधी की तरह उड़कर
इक राह गुज़रती है
शरमाती हुई कोई
क़दमों से उतरती है

इन रेशमी राहों में
इक राह तो वह होगी
तुम तक जो पहुँचती है
इस मोड़ से जाते हैं...

इक दूर से आती है
पास आके पलटती है
इक राह अकेली-सी
रुकती है न चलती है

यह सोच के बैठी हूँ
इक राह तो वह होगी
तुम तक जो पहुँचती है

इस मोड़ से जाते हैं
कुछ सुस्त-क़दम रस्ते
कुछ तेज़-क़दम राहें
इस मोड़ से जाते हैं

# 61 आँधी

तुम आ गए हो नूर आ गया है
नहीं तो, चिराग़ों से लौ जा रही थी
जीने की तुमसे वजह मिल गई है
बड़ी बेवजह ज़िंदगी जा रही थी

कहाँ से चले कहाँ के लिए
यह ख़बर नहीं थी मगर
कोई भी सिरा जहाँ जा
मिले, वहीं तुम मिलोगे

कि हम तक तुम्हारी दुआ आ रही थी
तुम आ गए हो नूर आ गया है...

दिन डूबा नहीं, रात डूबी नहीं
जाने कैसा है सफ़र
ख़्वाबों के दिये, आँखों में लिये
वहीं आ रहे थे

जहाँ से तुम्हारी सदा आ रही थी
तुम आ गए हो नूर आ गया है
नहीं तो, चिराग़ों से लौ जा रही थी

# 62 आँधी

तेरे बिना ज़िंदगी से शिकवा तो नहीं
तेरे बिना ज़िंदगी भी लेकिन ज़िंदगी तो नहीं

काश ऐसा हो तेरे क़दमों से
चुनके मंज़िल चलें, और कहीं, दूर कहीं
तुम अगर साथ हो, मंज़िलों की कमी तो नहीं
तेरे बिना ज़िंदगी से शिकवा तो नहीं

जी में आता है तेरे दामन में
सर छुपाके हम रोते रहें, रोते रहें
तेरी भी आँखों में आँसुओं की नमी तो नहीं
तेरे बिना ज़िंदगी से शिकवा तो नहीं

तुम जो कह दो तो आज की रात
चाँद डूबेगा नहीं, रात को रोक लो
रात की बात है और ज़िंदगी बाकी तो नहीं
तेरे बिना ज़िंदगी से शिकवा तो नहीं

## 63 खट्टा-मीठा

यह जीना है, अंगूर का दाना
कुछ कच्चा है, कुछ पक्का है
अरे, जितना खाया मीठा था
जो हाथ न आया खट्टा है

यह घूमता पहिया, गोल रुपैया
हाथ न आए रे
और मैं हूँ इसके साथ, कि साथी
साथ न जाए रे

हाथ न आए तो समझो है सपना
जेब में हो तो प्यारे माल है अपना
जी के देखो, जीनेवाले यूँ भी जीते हैं
दिन की चादर फट जाए तो रात को सोते हैं

थोड़ा-सा रो के, थोड़ा-सा हँसना
थोड़ा-सा रुकना, थोड़ा-सा चलना

यह जीना है, अंगूर का दाना
कुछ कच्चा है, कुछ पक्का है
अरे, जितना खाया मीठा था
जो हाथ न आया खट्टा है

# 64 नमकीन

बड़ी देर से मेघा बरसा, हो रामा
जली कितनी रतियाँ

इस पहलू झुलसी, तो उस पहलू सोई
सारी रात सुलगी मैं, आया न कोई
बैठी रही रखके हथेली पे दो अँखियाँ
जागी सारी रतियाँ
बड़ी देर से मेघा बरसा, हो रामा
जली कितनी रतियाँ

थोड़ा-सा तेज़ कभी, थोड़ा-सा हलका
रोका न जाए, मुई अँखियों का टपका
लाखों पिरोईं मैंने, मोतियों की लड़ियाँ
जागी सारी रतियाँ
बड़ी देर से मेघा बरसा, हो रामा
जली कितनी रतियाँ

# 65 ख़्वाहिश

आँख में क्यों नमी-सी रहती है
जाने कैसी कमी-सी रहती है

हँस लिये, रो लिये हैं जी-भरके
जीना सीखा है जीते-जी मरके

साँस फिर भी थमी-सी रहती है
आँख में क्यों नमी-सी रहती है

ज़िंदगी अब कभी न रास आए
दफ़न कर दें हमें तो साँस आए

साँस ऐसे जमी-सी रहती है
आँख में क्यों नमी-सी रहती है
जाने कैसी कमी-सी रहती है

# 66 आनंद

मैंने तेरे लिए ही सात रंग के सपने चुने
सपने, सुरीले सपने
कुछ हँसते, कुछ ग़म के, तेरी आँखों के साए
चुराए, रसीली यादों ने

छोटी बातें, छोटी-छोटी बातों की हैं यादें बड़ी
भूले नहीं, बीती हुई एक छोटी घड़ी
जनम-जनम से आँखें बिछाईं तेरे लिए
इन राहों में
मैंने तेरे लिए ही सात रंग के सपने चुने
सपने, सुरीले सपने

भोले-भाले, भोले-भाले दिल को बहलाते रहे
तनहाई में, तेरे ख़यालों को सजाते रहे
कभी-कभी तो आवाज़ देकर मुझको जगाया
ख़्वाबों ने
मैंने तेरे लिए ही सात रंग के सपने चुने
सपने, सुरीले सपने

## 67 सीमा

जब भी यह दिल उदास होता है
जाने कौन आस-पास होता है

होंठ चुपचाप बोलते हों जब
साँस कुछ तेज़-तेज़ चलती हो
आँखें जब दे रही हों आवाज़ें
ठंडी आहों में साँस जलती हो

आँख में तैरती हैं तसवीरें
तेरा चेहरा तेरा ख़याल लिये
आईना देखता है जब मुझको
एक मासूम-सा सवाल लिये

कोई वादा नहीं किया लेकिन
क्यों तेरा इंतज़ार रहता है
बेवजह जब क़रार मिल जाए
दिल बड़ा बेक़रार रहता है

जब भी यह दिल उदास होता है
जाने कौन आस-पास होता है

# 68 सितारा

यह साए हैं, दुनिया है परछाइयों की
भरी भीड़ में, ख़ाली तनहाइयों की

यहाँ कोई साहिल-सहारा नहीं है
कहीं डूबने को किनारा नहीं है

यहाँ सारी रौनक है रुसवाइयों की
यह साए हैं...

कई चाँद उठकर जलाए-बुझाए
बहुत हमने चाहा ज़रा नींद आए

यहाँ रात होती है बेदारियों की
यह साए हैं...

यहाँ सारे चेहरे हैं माँगे हुए-से
निगाहों में आँसू भी टाँगे हुए-से

बड़ी नीची राहें हैं ऊँचाइयों की
यह साए हैं, दुनिया है परछाइयों की
भरी भीड़ में, ख़ाली तनहाइयों की

# 69 सितारा

आप आए ग़रीबख़ाने में
आग-सी लग गई ज़माने में

आप ही की नज़र लगी वर्ना
देर लगती शबाब आने में

दिल में ऐसे छुपा लिया है ग़म
आग रख ली है आशियाने में

एक हीरा है ज़िंदगी लेकिन
उम्र लगती है ज़हर खाने में

आप आए ग़रीबख़ाने में
आग-सी लग गई ज़माने में

# 70 सितारा

थोड़ी-सी ज़मीं, थोड़ा आसमाँ
तिनकों का बस इक आशियाँ

माँगा है जो तुमसे वह ज़्यादा तो नहीं है
देने को तो जाँ दे दें, वादा तो नहीं है
कोई तेरे वादे पे, जीता है कहाँ
थोड़ी-सी ज़मीं...

मेरे घर के आँगन में, छोटा-सा झूला होगा
सोंधी-सोंधी मिट्टी होगी, लेपा हुआ चूल्हा होगा
थोड़ी-थोड़ी आग होगी, थोड़ा-सा धुआँ
थोड़ी-सी ज़मीं...

रात कट जाएगी तो कैसे दिन बिताएँगे
बाजरे के खेतों में कौए उड़ाएँगे
बाजरे के सिट्टों-जैसे बेटे हों जवाँ
थोड़ी-सी ज़मीं, थोड़ा आसमाँ
तिनकों का बस इक आशियाँ

## 71 गहराई

रिश्ते बस रिश्ते होते हैं
कुछ इक पल के
कुछ दो पल के

कुछ परों से हलके होते हैं
बरसों के तले चलते-चलते
भारी-भरकम हो जाते हैं

कुछ भारी-भरकम बर्फ़ के-से
बरसों के तले गलते-गलते
हलके-फुलके हो जाते हैं

नाम होते हैं रिश्तों के
कुछ रिश्ते नाम के होते हैं
रिश्ते वह अगर मर जाएँ भी
बस नाम से जीना होता है

बस नाम से जीना होता है
रिश्ते बस रिश्ते होते हैं

## 72 माचिस

छोड़ आए हम वो गलियाँ, छोड़ आए हम वो गलियाँ...

जहाँ तेरे पैरों के कँवल गिरा करते थे
हँसे तो दो गालों में भँवर पड़ा करते थे
तेरी कमर के बल पे नदी मुड़ा करती थी
हँसी तेरी सुन-सुनके फसल पका करती थी...
छोड़ आए हम वो गलियाँ...

जहाँ तेरी एड़ी से धूप उड़ा करती थी सुना है
उस चौखट पे अब शाम रहा करती है
लटों से उलझी लिपटी एक रात हुआ करती थी
कभी-कभी तकिये पे वो भी मिला करती है—
छोड़ आए हम वो गलियाँ...

दिल दर्द का टुकड़ा है, पत्थर की डली-सी है
एक अंधा कुआँ है या बंद गली-सी है
एक छोटा-सा लम्हा है जो खत्म नहीं होता
मैं लाख जलाता हूँ, ये भस्म नहीं होता

छोड़ आए हम वो गलियाँ, छोड़ आए हम वो गलियाँ...

## 73 माचिस

तुम गये सब गया, तुम गये सब गया
मैं अपनी ही मिट्टी तले दब गया...

कोई आया था कुछ देर पहले यहाँ
लेके मिट्टी से लेपा हुआ आस्माँ
कब्र पर डालकर वो गया, कब गया...

हाथों-पैरों में तन्हाइयाँ चलती हैं
मेरी आँखों में परछाइयाँ चलती हैं
एक सैलाब था, सारा घर बह गया
फिर भी जीने का थोड़ा-सा डर रह गया
ज़ख्म सीने के क्यों दे गया, जब गया...

तुम गये सब गया, तुम गये सब गया
मैं अपनी ही मिट्टी तले दब गया...

## 74 माचिस

याद न आए कोई, लहू न रुलाए कोई...

अँखियों में बैठा था, अँखियों से उठके
जाने किस देस गया
जोगी मेरा जोगी रे, राँझा मेरा राँझड़ा
मेरा दरवेश गया, रब्बा
दूर न जाए कोई, याद न आए कोई...

शाम के दिये ने आँख भी न खोलीं
अंधा कर गई रात
जला भी नहीं था देह का बालन
कोयला कर गई रात, रब्बा
और न जलाए कोई, याद न आए कोई..

## 75 माचिस

ए हवा कुछ तो बता, जाने वालों का पता
काली घटाओ तुम छूके पहाड़ों को, लौट आना...

जंगल से जाती पगडंडियों पे
देखो तो शायद पाँव पड़े हों
कोहरे की दुधिया ठंडी गुफा में
बादल पहनके शायद खड़े हों
हौले-से कानों में मेरा कहा कहना
लौट आना, हाँ तुम लौट आना...

सूखने लगा है झीलों का पानी
घुलने लगा है शाम का सोना
कहाँ से थामूँ रात की चादर
कहाँ से पकड़ूँ धूप का कोना
जाइयो पास उनके, मेरा कहा कहना
लौट आना, हाँ तुम लौट आना...

## 76 माचिस

पानी, पानी रे, खारे पानी रे
नयनों में भर जा, नींदें ख़ाली कर जा...

पानी-पानी इन पहाड़ों की ढलानों से उतर जाना
धुआँ-धुआँ कुछ वादियाँ भी आएँगी, गुज़र जाना
इक गाँव आएगा, मेरा घर आएगा
जा मेरे घर जा, नींदें ख़ाली कर जा...

ये रूदाली जैसी रातें जगरतों में बिता देना
मेरी आँखों में जो बोले मीठे पाखी तो उड़ा देना
बर्फ़ों में लगे मौसम पिघले, मौसम हरे कर जा...

पानी, पानी रे, खारे पानी रे
नयनों में भर जा, नींदें ख़ाली कर जा...

# 77 माचिस

भेज कहार पियाजी बुला लो
कोई रात-रात जागे
डोली पड़ी-पड़ी ड्योढ़ी में
अर्थी जैसी लागे...

साँझ ढले सूनी गली
दरवाज़े तक आए
कोई नहीं आया अभी
इतनी ख़बर दे जाए...

आकाश में कागा उड़े
बैठे न मेरे कने रे
ठंडी नमी, जलती नदी
फूँकूँ कहाँ तक अँधेरे...

भेज कहार पियाजी बुला लो
कोई रात-रात जागे
डोली पड़ी-पड़ी ड्योढ़ी में
अर्थी जैसी लागे...

# 78 माचिस

चप्पा-चप्पा चरखा चले, चप्पा-चप्पा चरखा चले
औनी-पौनी यारियाँ तेरी, बौनी-बौनी बेरियों तले...

गोरी चटखोरी जो कटोरी से खिलाती थी
जुम्मे के जुम्मे जो सुरमे लगाती थी
कच्ची मुँडेर के तले...

जूठी-मूठी मोई ने रसोई में पुकारा था
लोहे के चिमटे से लिपटे को मारा था
ओए बीबा तेरा चूल्हा जले...

चुन्नी लेके सोती थी कमाल लगती थी
पानी में जलता चिराग़ लगती थी
बीबा तेरी याद न टले...

चप्पा-चप्पा चरखा चले, चप्पा-चप्पा चरखा चले
गोरियों के पैरों तले, पीली-पीली मेहँदी जले
चप्पा-चप्पा चरखा चले...

## 79 आस्था

लबों से चूम लो आँखों से थाम लो मुझको
तुम ही से जन्मूँ तो शायद मुझे पनाह मिले...

दो सोंधे-सोंधे से जिस्म जिस वक़्त
एक मुट्ठी में सो रहे थे
बता तो उस वक़्त मैं कहाँ था?
बता तो उस वक़्त तू कहाँ था?

मैं आरजू की तपिश में पिघल रही थी कहीं
तुम्हारे जिस्म से होकर निकल रही थी कहीं
बड़े हसीन थे जो राह में गुनाह मिले...

तुम्हारे लब को पकड़ के जलने की आरज़ू में
जब अपने ही आप से लिपटके सुलग रहा था
बता तो उस वक़्त मैं कहाँ था?
बता तो उस वक़्त तू कहाँ था?

तुम्हारी आँखों के साहिल से दूर-दूर कहीं
मैं ढूँढ़ती थी, मिले खुशबुओं का नूर कहीं
वहीं रुकी हूँ जहाँ से तुम्हारी राह मिले...

(जिसे तुम भटकना कहती हो न मानसी
मैं उसे और जानने की तलाश कहता हूँ
एक-दूसरे को जानने की तलाश)

मैं इस ज़मीं पर भटकता हूँ कितनी सदियों से
गिरा है वक़्त से कटकर एक लम्हा, उसकी तरह
वतन मिला तो गली के लिए भटकता रहा
गली में घर का निशान ढूँढ़ता रहा बरसों

अब तुम्हारी रूह में, जिस्म में भटकता हूँ
तुम ही से जन्मूँ तो शायद मुझे पनाह मिले...

# 80 आस्था

तन पे लगती काँच की बूँदें
मन पे लगें तो जानें
बर्फ़ से ठंडी आग की बूँदें
दर्द चुगें तो जानें...

लाल सुनहरी चिंगारी-सी
बेलें झूलती रहती हैं
बाहर गुलमोहर की लपटें
दिल में उगें तो जानें...

बारिश लंबे-लंबे हाथों से जब
आकर छूती है
ये लोबान-सी साँसें
थोड़ी देर रुकें तो जानें...

तन पे लगती काँच की बूँदें
मन पे लगें तो जानें...

# 81 आस्था

काली-काली रात का तिलस्म न टूटे
कहीं जिस्म न टूटे, कहीं रात लचकती है
रात कै बदन पे चाँद न रखना
चाँद की चिकनी डली फिसलती है...

ये रात हमारी है, उम्मीद कुँवारी है
जागने की रात है ये, माँग लो दुआएँ करो
यारों से सज़ाएँ मिलें ऐसी भी ख़ताएँ करो
रोशनी की धार कहीं काटे न खुमार
रात ये भारी है...

ये रात हमारी है, उम्मीदों वाली है
ओस का दाना-दाना रात का ख़जाना है
चोरी-चोरी चोर की निगाहों से चुराना है
कच्ची-कच्ची उम्र है, कच्ची-कच्ची बाँहों में
ख़्वाबों की खुमारी है...

काली-काली रात का तिलस्म न टूटे
कहीं जिस्म न टूटे, कहीं रात लचकती है...

## 82 आस्था

हवा में उड़के देखा होता
फूलों से जुड़के देखा होता...

पत्तों के गर चेहरे होते
कुछ तेरे कुछ मेरे होते
मौसम चलते पाँवों के नीचे
हवा के ऊपर डेरे होते
बादल हमको घेरे होते...

धूप उड़ाती चलती छाँव
मिट्टी में न पड़ते पाँव
पंख बिना ही उड़ते रहते
न कोई नगरी न कोई गाँव
आगे-पीछे फेरे होते...

मुश्किल है आकाश पे चलना
तारे पैरों में चुभते हैं
सपनों में सोकर देखा है
सपने आँख में कब रुकते हैं
क्या होता जो तुम न होते?

हवा में उड़के देखा होता
फूलों से जुड़के देखा होता...

# ता-थई

# 83 पलकों की छाँव में

अल्लाह मेघ दे, पानी दे
पानी दे गुड़धानी दे, अल्लाह मेघ दे

पानी दे मैं दान कराऊँ
दान कराऊँ गैया
गैया बैकुंठ पार कराए
तैर के तेरा पानी
अल्लाह मेघ दे, पानी दे...

भर-भर दरिया जो बरसे बदरिया
दान कराऊँ, पिया, सोने की मछरिया

मछली मर गई
नदिया सूखी
नदिया सूखी
फ़ाके पड़ गए
फ़ाके पड़ गए
बुढ़िया भूखी
कौन बचाए
बादल आए

अबके जो सावन न आवन होए तो
गजुआ बेचारा रे, अँसुवन बोए हो
छल-छल पानी के छींटे उड़ेंगे
सावन के भूले भादों मुड़ेंगे

अरे पड़ेगा सूखा
मरेगा भूखा
मरेगा भूखा
बदरी काका
बदरी काका
गाँव से भागा
नौकरी करने
शहर में मरने

दो नैनों से बरसे पानी
अल्लाह मेघ दे, पानी दे
पानी दे गुड़धानी दे, अल्लाह मेघ दे

## 84 पलकों की छाँव में

डाकिया डाक लाया, डाकिया डाक लाया
ख़ुशी का पयाम कहीं, कहीं दर्दनाक लाया

देवर के भतीजे की
साली की सगाई है
आती पूरनमासी को
क़रार पाई है
मामा आपको लेने आते
मगर मजबूरी है
बच्चों समेत आपको
आना ज़रूरी है
दादा तो गुज़र गए
दादी बीमार है
नाना का भी तेरहवाँ
आते सोमवार है
छोटों को प्यार देना
बड़ों को नमस्कार
देरी मजबूरी, समझो
कारड को तार

शादी का संदेसा तेरा एई सोमनाथ लाया
डाकिया डाक लाया, डाकिया डाक लाया

एक डाकिया बाबू!
क्या री?

छः महीना हुई गवा खतौ नाहीं लिखिन
खतौ नाहीं लिखिन...
बोल क्या लिखूँ
बस, जल्दी से आवै का लिख देओ
न!
बिरहा में कैसे, कैसे काटूँ रतियाँ
सावन सुनाए बैरी भीगी-भीगी बतियाँ

अग्नि की चिता में जले
जले बावरिया
नौकरिया छोड़के तू
आजा रे साँवरिया

आजा रे साँवरिया आजा, आजा बैसाख आया
डाकिया डाक लाया, डाकिया डाक लाया

होली-के-होली मनीआर्डर से माल भेजे
डाल के लिफ़ाफ़े में सैयाँ गुलाल भेजे
किसी की दिवाली आई, किसी का दिवाला
निम्मो की गोद भरी, खैरू का प्याला

सात रुपैए लाया...
लाया क्या ख़ाक लाया?
डाकिया डाक लाया
डाकिया डाक लाया

## 85 ख़ामोशी

दोस्त कहाँ कोई तुम-सा
तुम-सा नहीं कोई मिस्टर
कभी तुम डार्लिंग, कभी महबूबा
कभी तुम भोली-भाली सिस्टर

एक घूँट में पार्बती तुम
एक घूँट में चंद्रमुखी
एक बार लग जाओ गले से
देवदास हैं बड़े दुखी

एक बूँद में चर्चिल हो गए, एक बूँद में हिटलर
ओ मिस्टर

दोस्त नहीं कोई तुम-सा...

'रम' चढ़े तो ग़म उतरेंगे
'व्हिस्की' से दुख खिसके
'जिन' से भागे भूत निगोड़ा
तुम किसके हम किसके

रात को पीके बोरिया ढूँढे, दिन को ढूँढे बिस्तर
ओ मिस्टर

दोस्त नहीं कोई तुम-सा...

किसकी आँख का आँसू है यह
तैर रहा है प्याले में
डूब न जाए अँधेरे में
खींचो इसे उजाले में

यह किसके सिंदूर से मैंने, दाग़ लिया है दिल पर
ओ मिस्टर

दोस्त नहीं कोई तुम-सा...

# 86 घर

बोतल से इक बात चली है
काग उड़ाके रात चली है

आज की मय बहुत मीठी है
आज तो आँख मिला के पीना
चाँद की मिसरी घुल जाएगी
चाँद से होंठ लगा के पीना

बोतल से इक बात चली है...

वादोंवाली रात आई है
आज की रात इनकार न करना
अपने दिन और रात न पूछो
तुमसे जीना तुम पे मरना

बोतल से इक बात चली है...
काग उड़ाके रात चली है...

## 87 आशीर्वाद

साफ़ करो इंसाफ़ करो
भई भूल-भुलैया माफ़ करो
है एक पहेली, बड़ी नवेली
जो बूझे तो बने कलंदर
और ना बूझे तो बंदर

कई बरस तो कभी न आए
आए तो फिर कभी न जाए
काटो फेंको फिर आ जाए
बूझे कोई, यह बतलाए

—दाढ़ी

याद आया, हाँ राधा नाम की लड़की थी इक
ऊँचे क़द की

गागर में जब अग्नि भर के
सर पे रख ली
जमना पाँव में पड़के बोली
तड़पी मछली
जितनी बार मुझे फूँकोगे आग लगेगी
उतनी बार उठेगी तन से
धुएँ की बदली

—हुक्का

कान पकड़कर नाक पे दोनों घुटने टेके
उठकर दो आँखों में आँखें डालके देखे?
क्यों कलंदर, बनोगे बंदर
चलेगा चुल्लू, या लाऊँ समंदर ?

सारी जवानी तो कोई न आया आँख मिलाने
आज बुढ़ापे में कोई कैसे पहचाने
कान पकड़के नाक पे वह जब घुटने टेके
तब आँखों पे चढ़ के 'चश्मा' आँख को देखे

अच्छा, अब के तुम सब मेरी बात बताओ
और न समझो तुम तो सारे गोबर खाओ

एक दफ़ा इक दोस्त के घर पे
सोचा था वह घर पे होगा
जाकर देखा दोस्त नहीं है, दोस्त नहीं है
उस दोस्त की सुंदर पत्नी को जिस हाल में पाया
तौबा-तौबा! देखा और पसीना आया
माँ को भी इक बार यूँ ही देखा था लेकिन
बहन को देख के मुश्किल से दिल को समझाया
ऐसी कितनी सुंदर-सुंदर नारियाँ देखीं भैया
लेकिन अपनी पत्नी को उस हाल में देख न पाया

अब कहो कलंदर
हाल बताओ
वर्ना लँगड़ी चाल दिखाओ
छिः छिः! जानता हूँ जो सोच रहे हो

अब सुनो जवाब—
माँ को देखा, बहन को देखा, देखी भाभी अच्छी

लेकिन अपनी पत्नी को देखा है किसने
—विधवा

साफ़ किया इंसाफ़ किया
भई भूलनेवाले को माफ़ किया

# 88 राहगीर

अंग-अंग में आग लगी है, जोड़-जोड़ में ज्वाला
चूरण-गोली-दवा न दे तो, दे दे ज़हर का प्याला

वैद के पल्ले पड़े
कैसे वैद के पल्ले पड़े
मरता मर जाए रोग से रोगी
वैद से कौन लड़े
ऐसे वैद से कौन लड़े

रोज़ सवेरे मंदिर जाए, पैसे का परसाद चढ़ाए

कहता है कोई प्लेग या हैज़ा
भगवान दे दे मौक़ा ऐसा
कि सब को ताप चढ़े
कैसे वैद के पल्ले पड़े

वैद ने इक संसार बसाया, हर प्राणी बीमार बनाया

कानों से बहरे बेचारे
रोने से अंधे हों सारे
अरे हँसे तो दाँत झड़े
कैसे वैद के पल्ले पड़े...

## 89 दो दूनी चार

ऊपरवाला नीचे देखे और नीचेवाला ऊपर
किसी के मुँह में घी रख दे और किसी के मुँह में शक्कर
चक्कर चलाए घनचक्कर, चक्कर, चक्कर

तेरी गली में शाम-सबेरे
चक्कर काटूँ डालूँ डेरे
सात जनम न पूरे होंगे
तुम से शायद सातों फेरे

तेरी कारी-कारी कजरारी दो अँखियाँ
जादू-टोने की पिटारी थारी दो अँखियाँ
तोसे पाला पड़ा
काला जादू चढ़ा
तीखी-तीखी हैं ये तलवारी दो अँखियाँ
मेरे जोबना की पंसारी दो अँखियाँ

खट्टी-मीठी जोड़ियाँ जग में
निम्बू संग बताशा
भूखे पेट भजन करते हैं
हाथ में कासा लेकर
चक्कर चलाए घनचक्कर, चक्कर, चक्कर

## 90 दो दूनी चार

बड़ा बदमाश है यह दिल
यह दिल क़ाबू नहीं आता
कहीं पे तो आएगा, मुसीबत लाएगा

किसी भी ख़ूबसूरत को
कहीं भी देख लेता है
उसी के पीछे-पीछे यह
मुझे भी ख़ींच लेता है

कहीं पिटवाएगा, मुसीबत लाएगा
बड़ा बदमाश है यह दिल...

अजब धुनकी में रहता है
अनोखे काम करता है
उसी के दम से जीता है
यह दिल जब जिस पे मरता है

बड़ा बदमाश है यह दिल
यह दिल क़ाबू नहीं आता

## 91 मेरे अपने

हाल-चाल ठीक-ठाक है
सब कुछ ठीक-ठाक है
बी.ए. किया है, एम.ए. किया
लगता है वह भी ऐंवे किया
काम नहीं है वर्ना यहाँ
आपकी दुआ से सब ठीक-ठाक है

आबो-हवा देश की बहुत साफ़ है
क़ायदा है क़ानून है, इंसाफ़ है
अल्लाह-मियाँ जाने कोई जिए या मरे
आदमी को ख़ून-वून सब माफ़ है

और क्या कहूँ?
छोटी-मोटी चोरी, रिश्वतख़ोरी
देती है अपना गुज़ारा यहाँ
आपकी दुआ से सब ठीक-ठाक है

गोल-मोल रोटी का पहिया चला
पीछे-पीछे चाँदी का रुपैया चला
रोटी को बेचारी को चील ले गई
चाँदी ले के मुँह काला कौवा चला

और क्या कहूँ?
मौत का तमाशा, चला है बेतहाशा
जीने की फ़ुर्सत नहीं है यहाँ
आपकी दुआ से सब ठीक-ठाक है
हाल-चाल ठीक-ठाक है

# 92 परिचय

सारे के सारे, गामा को लेकर, गाते चले
पापा नहीं हैं, धानी-सी दीदी,
दीदी के साथ हैं सारे

'स' से निकले रोज़ सवेरा
दूर करे अँधियारा
'रे' से रेशमी किरनों ने
ख़ूब किया उजियारा

सूरज की रोशन किरनों पे सारे गाते चले
सारे के सारे...

'ग' से गुनगुन
'म' से मद्धम
'प' से एक पुजारी

'ग' से गुनगुन करता है, घूमे क्यारी-क्यारी
'म' से मीठे बोलों में
'प' से एक पुजारी
भँवरे के जैसे फूलों में, सारे गाते चले
सारे के सारे...

'ध' से धूप सुनहरी है
यह 'नी' नशीली लागे

सरगम हो गई पूरी
अब क्या होगा आगे

सरगम के साथी, सरगम की धुन में गाते चले
सारे के सारे...

# 93 किताब

धन्नो की आँखों में
है रात का सुरमा
और चाँद का चुम्मा
धन्नो की आँखों में
है रात का सुरमा

ज़हरीली तेरे बिना रात लगे
छाला पड़े आग जैसे
चाँद पे जो हाथ लगे

धन्नो का गुस्सा
है पीर का जुम्मा
और चाँद का चुम्मा

धन्नो तुझे ख़्वाब में देखा है
लैला की हीर की किताब में देखा है

धन्नो की आँखों में
है नूर का सुरमा
और चाँद का चुम्मा

# 94 किताब

अ-आ, इ-ई, अ-आ, इ-ई
मास्टरजी की आ गई चिट्ठी
चिट्ठी में से निकली बिल्ली
बिल्ली खाए ज़र्दा-पान
काला चश्मा पीले कान
कान में झुमका, नाक में बत्ती
हाथ में जलती अगरबत्ती
अगर हो बत्ती कछुआ छाप
आग में बैठा पानी ताप
ताप चढ़े तो कम्बल तान
वी.आई.पी. अंडरवियर-बनियान

अ-आ, इ-ई, अ-आ, इ-ई
मास्टरजी की आ गई चिट्ठी
चिट्ठी में से निकला मच्छर
मच्छर की दो लम्बी मूँछें
मूँछ पे बाँधे दो-दो पत्थर
पत्थर पे इक आम का झाड़
पूँछ पे लेके चले पहाड़
पहाड़ पे बैठा बूढ़ा जोगी
जोगी की इक जोगन होगी
— गठरी में लागा चोर
मुसाफ़िर देख चाँद की ओर

पहाड़ पे बैठा बूढ़ा जोगी
जोगी की इक जोगन होगी
जोगन कूटे कच्चा धान
वी.आई.पी. अंडरवियर-बनियान

अ-आ, इ-ई, अ-आ, इ-ई
मास्टरजी की आ गई चिट्ठी
चिट्ठी में से निकला चीता
थोड़ा काला थोड़ा पीला
चीता निकला है शर्मीला
घूँघट डालके चलता है
माँग में सेंदुर भरता है
माथे रोज़ लगाए बिंदी
इंगलिश बोले मतलब हिंदी
'इफ़' अगर, 'इज' है, 'बट' पर,
'व्हॉट' माने क्या
इंगलिश में अलजेब्रा छान
वी.आई.पी. अंडरवियर-बनियान

# 95 गोलमाल

गोलमाल है भई सब गोलमाल है
हर सीधे रस्ते की इक टेढ़ी चाल है

भूख रोटी की हो तो, पैसा कमाइए
पैसा कमाने के लिए भी पैसा चाहिए
माँगे से न मिले तो पसीना बहाइए
बहता है जब पसीना तो रुमाल चाहिए

रुमाल बन गया भी गर क़मीज़ फाड़कर
क़मीज़ के लिए भी तो फिर कपड़ा चाहिए
अरे कपड़ा किसी ने दान ही में दे दिया चलो
दर्ज़ी के पास जाके वह पहले सिलाइए

बिन सिली क़मीज़ पे तो कुछ नहीं लिया
सिली हुई क़मीज़ पे सिलाई चाहिए
सिलाई देने के लिए फिर पैसा चाहिए
पैसा कमाने के लिए फिर पैसा चाहिए

गोलमाल है भई सब गोलमाल है
हर सीधे रस्ते की इक टेढ़ी चाल है

# 96 गोलमाल

इक दिन सपने में देखा सपना
वह जो है ना अमिताभ अपना—
वो, मार्केट से 'आऊट' हुआ
लोगों को 'डाऊट' हुआ
मेरी वजह से वो गया,
क़िस्मत जो बदली
क्या कहूँ, 'रियली', मैं अमिताभ हो गया
इक दिन सपने में देखा सपना...

दाएँ में हेमा...
बाएँ में जीनत...
सामने रेखा
पीछे जो देखा
पत्नी खड़ी थी, हाथ में छड़ी थी
देखते-देखते मैं भाग रहा था
देखा, मैं जाग रहा था...
हाँ, सपने में देखा सपना...

हाँ, एक और याद आया
इक दिन सपने में देखा सपना
वह जो है न मिस्टर 'पेले' अपना
कहते खिलाड़ी है, बड़ा अनाड़ी है
साथ मैच हो गया,
मैंने मारा जो छक्का तो 'कैच' हो गया

फुटबॉल में क्रिकेट?
हाँ, कहा ना, सपने में देखा सपना...

एक दिन छोटी-सी देखी सपनी
अरे वह जो है ना, लता अपनी
लता गा रही थी, मैं तबले पे था
वह मुखड़े पे थी, मैं अंतरे पे था
ताल कहाँ, सम कहाँ
तुम कहाँ, हम कहाँ
ता-थई-थैया, ता-थई-थैया
थैया, थैया, थैया
नरकट दुम, नरकट दुम, नरकट ना
सपने में देखा सपना...

# 97 बीवी और मकान

रहने को घर दो

छत पे फ़र्श या फ़र्श पे छत दो
रहने को घर दो

खिड़की-उड़की, बिजली-उजली
घंटी-वंटी कुछ नहीं चाहिए, प्यारे,
बस एक छोटा सा दरवाज़ा हो

ईंट पे ईंट जमा कर लो,
घर ऊपर-ऊपर जाता है
भाड़े से ऊँची बिल्डिंग में
बिल्डिंग से ऊँचा भाड़ा है

फ़र्श पे रहनेवाले कैसे अर्श पे जाएँ, प्यारे,
रहने को घर दो...

थोड़ा-सा जल, थोड़े-से चने
इक चारदीवारी, पाँच जने
शहर में तेरे शरण बिना
शरणार्थी हो गया, प्यारे,
रहने को घर दो...

कुटिया न सही, कोई ख़ाली कुआँ

ऊपर न सही, तहखाने में
ख़ाली हो अगर तो जेल सही
शामिल कर लो दीवानों में

आस-पड़ोस उधार मिले तो
कुछ नहीं चाहिए, प्यारे,
रहने को घर दो...

# 98 बीवी और मकान

दुनिया में दो सयाने
एक झूठ है, एक सच है
जीने के दो बहाने
एक झूठ है, एक सच है

झूठ कहा कि छा गए पापे
सच बोला कि मर गए
उलटी बात समझ में आई
सीधी बात से डर गए

झूठ और सच दो यार पुराने
दो आँखों में रहते हैं
बारी-बारी देखके दुनिया
आँख मारके कहते हैं
पाप, पुण्य और पछतावा है
एक ही जाप के दाने

रहने को देखी है, यारो,
एक अनोखी नगरी
पगड़ी हो तो छत मिलती है
नंगे सर को छतरी

अंधा राजा देखके हँसते
हैं, नगरी के काने
दुनिया में दो सयाने...

# ९९ आँधी

आरती, मन मालती, कहना क्यों नहीं मानती
पाठशाला में छुट्टी हो गई बस्ता क्यों नही बाँधती

सलाम कीजिए, आई हैं, आरती देवी
यह ठेकेदार हैं भारत की, भारती देवी

सलाम कीजिए, आलीजनाब आए हैं
यह पाँच सालों का देने हिसाब आए हैं

जो इन ख़ुदाओं को सिज्दा करे न, काफ़िर है
बस एक वोट नहीं है, यह जान हाज़िर है
बहुत लगाए-उतारे हैं नाम के लेबल
चलाईं कुर्सियाँ हमने, जमाए हैं टेबल

हिसाब दीजिए, हम बे-हिसाब आए हैं
सलाम कीजिए, आलीजनाब आए हैं

हमारे वोट ख़रीदेंगे हम को अन्न देकर
ये नंगे जिस्म छुपा देते हैं कफ़न देकर
ये जादूगर हैं, ये चुटकी में काम करते हैं
ये भूख-प्यास को बातों से राम करते हैं

हमारे हाल पे लिखने किताब आए हैं
सलाम कीजिए, आलीजनाब आए हैं

हमारी ज़िंदगी अपनी है, आपकी तो नहीं
यह ज़िंदगी है ग़रीबी की, पाप की तो नहीं

यह वोट देंगे, मगर अबके यूँ नहीं देंगे
चुनाव आने दो हम आपसे निबट लेंगे

कि पहले देख लें क्या इनक़लाब लाए हैं
सलाम कीजिए, आलीजनाब आए हैं

## 100 गृह-प्रवेश

लोगों के घर में रहता हूँ
कब अपना कोई घर होगा
दीवारों की चिंता रहती है
दीवार में कब कोई दर होगा

सब्जी मंडी बाप का घर है
पुलबंगश पे मामा का
श्याम नगर में चाचा का घर
चौक पे अपनी श्यामा का

मायके और ससुराल के आगे
और भी कोई घर होगा
लोगों के घर में रहता हूँ...

इच्छाओं के भीगे चाबुक
चुपके-चुपके सहता हूँ
दूजे के घर यूँ लगता है
मोज़े पहने रहता हूँ

नंगे पाँव आँगन में
कब बैठूँगा, कब घर होगा
लोगों के घर में रहता हूँ
कब अपना कोई घर होगा

## 101 नमकीन

आँकी चली
बाँकी चली
चौरंगी में झाँकी चली
पानता भाते टाटका बैंगन पोरा

एक गली से झुम्मन निकले
एक गली से झुनिया
बीच सड़क में हो गई सादी
भाड़ में जाए दुनिया

झूम-झूम-झूम-झूम के नाची
नाची झुनिया बाई
सो-सौ फेरे लेवे झुम्मन
ख़ूब बजी सहनाई

आँकी चली...

झुम्मन के घर बेटी जनमी
झुनिया जैसे गाल
मूँछ मरोड़ के निकले झुम्मन
जा पहुँचे ससुराल
बात-बात में फ़ारसी बोलें
पानी माँगें 'आब'
प्यासे मर गए झुम्मन मियाँ

पर न छोड़ी ताब

आँकी चली...

'जीम' से जुम्मा, 'जीम' जलेबी
जुम्मन जुनिया 'जीम'
अल्लिफ-बे की पट्टी पढ़के
झुम्मन हुए हकीम
फूल-फूल के फुलका फूले
पिचक-पिचक पिचकारी
'निमकी' लावे कत्था-चूना
'मिट्ठू' पान-सुपारी

आँकी चली
बाँकी चली
चौरंगी में झाँकी चली
पानता भाते टाटका बैंगन पोरा

# 102 ख़ूबसूरत

हर चीज़ में क़ायदा-क़ायदा-क़ायदा
आख़िर इसका फ़ायदा?

क़ायदा छोड़के सोचो इक दिन
छोड़के नहीं – तोड़के एक दिन
हाँ, वही तो–
क़ायदा छोड़के सोचो इक दिन
चाँद निकलता नीचे से
मैदान में रखा होता
मीठी होती मिट्टी उसकी
मीठे घास और पत्ते
लेकिन चाँद पर तो 'वेजीटेशन' है ही नहीं–

फिर वही क़ायदा?
उसका फ़ायदा?

सोचो, चाँद पे दूध के गहरे दरिया बहते
गोरे-गोरे उसमें भालू-चीते रहते
भालू कहता मिआऊँ
और चीता भौं-भौं करता
बिल्ली से घबराती दुनिया
चूहे से जग डरता
ऊँचे-ऊँचे टीले होते क़ुलफी के
और घास फ़लूदा होती

उश्श हाथ में चम्मच लेकर जाते
रात और दिन बस चाँद ही खाते
चाहे होता ज़ियादा
...क़ायदा-क़ायदा-क़ायदा...
उसका फ़ायदा ?

अच्छा, सोचो, सूरज का रंग नीला होता
पेड़ों का रंग लाल
पंछी रहते पानी में
और मच्छी गगन विशाल
मालिक तूने किया कमाल
दाता तूने किया कमाल

मुश्किल है इस क़ायदे और क़ानून में रहना
दीदी, आप जो लड़का होतीं ?
उसका फिर क्या फ़ायदा होता?
आपके मुँह पर मूँछें होतीं
नाम भी आपका दादा होता

सोचो, आँखें 'स्विच' होतीं
और दोनों कान स्पीकर
'स्टीरियोफ़ोनिक सिस्टम' होता
इस मुंडी के भीतर

पेट उलटकर 'टेप' चलाते
आँखों के दो बटन दबाते
नाक में रोशनी जलती-बुझती
मेंहदी खाँ की ग़ज़ल निकलती
तब कुछ होता फ़ायदा
क़ायदा-क़ायदा-क़ायदा

नौ रंग की नारंगी होती
दूधिया रंग की बेल
कद्दू की बेलों पर जामुन
बकरी देती तेल

जूएँ होतीं जंगल में
और हाथी पर्स में रखते
रसगुल्लों से सर फटते
पिस्तौल में हलवा भरते

कद्दू की बेलों पर फलते
जामुन और जलेबी
बाबा पेड़े तोड़के खाते
बर्फ़ी खाती बेबी

अच्छा ऐसा क्यों नहीं होता?
होता है जो क्यों होता है?
कारण, फिर वही क़ायदा

# 103 ख़ूबसूरत

सुन, सुन, सुन, दीदी तेरे लिए इक रिश्ता आया है

अच्छे घर का लड़का है, पर हक-हकलाता है
मुँह पर दाग़ हैं चेचक के और पान चबाता है
पान चबाता है, जब थोड़ी पीकर आता है
रोज़ नहीं पीता, जब ताश में हार के आता है
ताश भी रोज़ कहाँ, बस कभी-कभी ही होती है
अच्छा डाका पड़े कभी तो रम्मी होती है
रोज़ कहाँ ऐसा होता है, डाके पड़ते हैं
आधे दिन तो बेचारे के जेल में कटते हैं

उसका बस चला तो जेल भी तोड़के आएगा
सीटी एक बजा दोगी तो दौड़के आएगा

सास ज़रा कम सुनती है पर, बोलती ऊँचा है
ससुरा ठीक ही सुनता है पर, मुँह से गूँगा है
वह सुनता है, वह बोलती रहती है
गूँगे-बहरे की जोड़ी भी अच्छी रहती है
इक देवर है, कुछ पगला है, बस हँसता रहता है

ऐसा वर फिर नहीं मिलेगा, दीदी कह दो 'हाँ'

## 104 अंगूर

रोज़-रोज़ डाली-डाली
क्या लिख जाए भँवरा
कलियों के नाम कोई
लिखे पैग़ाम कोई
बावरा भँवरा-बावरा

बीते हुए मौसम की
कोई निशानी होगी
दर्द पुराना कोई
याद पुरानी होगी
कोई तो दास्ताँ होगी ना

होगा, कोई वादा होगा
वादा निभाना होगा
शाख़ों पे लिखकर
याद दिलाना होगा
याद तो आती ही होगी ना

## 105 अंगूर

होंठों पे बीती बांत आई है
वादा निभाने की रात आई है

याद तो होगी कुछ भूली-बिसरी
ऐसे ही बरसी थी चाँद-सी मिसरी
चाँद को चबाने की रात आई है

याद है उस दिन बारिश भी थी
छत पे भीगने की ख़्वाहिश भी थी
छत पे जाने की रात आई है

# 106 बसेरा

कभी पास बैठो किसी फूल के पास
सुनो जब महकता है
बहुत कुछ ये कहता है
कभी गुनगुना के, कभी मुस्कुरा के
कभी चुपके-चुपके
कभी खिलखिला के
जहाँ पे सवेरा हो
बसेरा वहीं है

कभी छोटे-छोटे
शबनम के क़तरे
देखे तो होंगे, सवेरे-सवेरे
ये नन्ही-सी आँखें, जागी हैं शब-भर
बहुत कुछ है दिल में
बस इतना है लब पर
जहाँ पे सवेरा हो
बसेरा वहीं है

ना मिट्टी ना गारा, ना सोना सजाना
जहाँ प्यार देखो, वहीं घर बनाना
ये दिल की इमारत बनती है दिल से
दिलासों को छू के, उम्मीदों से मिल के
जहाँ पे सवेरा हो
जहाँ पे बसेरा हो
सवेरा वहीं है

## 107 बसेरा

जाने कैसे बीतेंगी ये बरसातें
माँगे हुए हैं दिन, माँगी हुई रातें

धुआँ-धुआँ-सा रहता है
बुझी-बुझी-सी आँखों में
सुलग रहे हैं गीले आँसू
आग लगाती हैं ये बरसातें
माँगे हुए हैं दिन...

भरा हुआ था दिल शायद
छलक गया है सीने में
बहने लगे हैं सारे शिकवे
बड़ी ग़मगीं हैं दिल की बातें
माँगे हुए हैं दिन...

## 108 इजाज़त

मेरा कुछ सामान
तुम्हारे पास पड़ा है
सावन के कुछ भीगे-भीगे दिन रखे हैं
और मेरे एक खत में लिपटी रात पड़ी है
वो रात बुझा दो
मेरा वो सामान लौटा दो

पतझड़ हैं कुछ!
पतझड़ में कुछ पत्तों के
गिरने की आहट
कानों में एक बार पहन के लौट आई थी
पतझड़ की वो शाख़ अभी तक काँप रही है
वो शाख़ गिरा दो

एक अकेली छतरी में जब
आधे-आधे भीग रहे थे
आधे सूखे, आधे गीले
सूखा तो मैं ले आई थी
गीला मन शायद बिस्तर के पास पड़ा हो
वो भिजवा दो

एक सौ सोला चाँद की रातें
एक तुम्हारे काँधे का तिल
गीली मेहँदी की ख़ुश्बू

झूठ-मूठ के शिकवे कुछ
झूठ-मूठ के वादे भी सब, याद करा दूँ
सब भिजवा दो
मेरा वो सामान लौटा दो

एक इजाज़त दे दो बस इसको दफ़नाऊँगी
मैं भी वहीं सो जाऊँगी

## 109 इजाज़त

क़तरा-क़तरा मिलती है
क़तरा-क़तरा जीने दो
ज़िंदगी है
बहने दो
प्यासी हूँ मैं प्यासी रहने दो

कल भी तो कुछ ऐसा ही हुआ था
नींद में थी तुमने जब छुआ था
गिरते-गिरते बाँहों में, बची मैं
सपने पे पाँव पड़ गया था
सपनो में
बहने दो
प्यासी हूँ मैं...

तुमने तो आकाश बिछाया
मेरे नंगे पैरों में ज़मीं है
पा के भी तुम्हारी आरज़ू हो
शायद ऐसे ज़िन्दगी हँसी है
आरज़ू में
बहने दो
प्यासी हूँ मैं...

हल्के-हल्के कोहरे के धुएँ में
शायद आसमाँ तक आ गई हूँ

तेरी दो निगाहों के सहारे
देखो तो कहाँ तक आ गई हूँ
कोहरे में
बहने दो
प्यासी हूँ मैं प्यासी...

## 110 इजाज़त

ख़ाली हाथ शाम आई है
ख़ाली हाथ जाएगी

आज भी ना आया कोई
ख़ाली लौट जाएगी

आज भी ना आए आँसू
आज भी न भीगे नैना
आज भी ये कोरी रैना
कोरी लौट जाएगी

रात की सियाही कोई
आए तो मिटाए ना
आज ना मिटाई तो ये
कल भी लौट आएगी
ख़ाली हाथ शाम...

## 111 इजाज़त

छोटी सी कहानी से
बारिशों के पानी से
सारी वादी भर गई

ना जाने क्यों
दिल भर गया
ना जाने क्यों
आँख भर गई

शाखों पे पत्ते थे
पत्तों पे बूँदें थीं
बूँदों में पानी था
पानी में आँसू थे

दिल में गिले भी थे
पहले मिले भी थे
मिल के पराए भी
दो हमसाए भी

रुकती है थमती है
कभी बरसती है
बादल पे पाँव रखे
बारिश मचलती है

## 112 लेकिन

केसरिया बालमा मोहे
बाँवरी बोलें लोग
ना जीवती मैं
ना मरियों मैं
बिरहा म्हारो रोग
बाँवरी बोलें लोग

चढ़ते दिन की आँच बटोरूँ
तिल-तिल सब जल जाए
ढलती साँझ की राख कुरेदूँ
रेत में सब रल जाए

ना मिल पाई, ना बिछुड़ी मैं
कैसो ये संजोग
बाँवरी बोलें लोग

मारुथल की लम्बी छाइयाँ
निस दिन कुछ लिख जाएँ
मेरो संदेसो कोई सुणा जो
जिसको पी दिख जाएँ

प्रीत को देखें नगरीवाले
पीड़ ना देखें लोग
बाँवरी बोलें लोग

## 113 लेकिन

यारा सीली-सीली
बिरहा की आग में जलना

ये भी कोई जीना है
ये भी कोई मरना

टूटी हुई चूड़ियों से
जोडूँ ये कलाई मैं
पिछली गली में जाने
क्या छोड़ आई मैं

बीती हुई गलियों से
फिर से गुज़रना

पैरों में ना साया कोई
सर पे ना साईं रे
मेरे साथ जाए ना
मेरी परछाईं रे

बाहर उजाड़ा है
अंदर वीराना

## 114 लेकिन

मैं एक सदी से बैठी हूँ
इस राह से कोई गुज़रा नहीं
कुछ चाँद के रथ तो गुज़रे थे
पर चाँद से कोई उतरा नहीं

दिन-रात के दोनों पहिए भी
कुछ धूल उड़ाकर बीत गए
मैं मन-आँगन में बैठी रही
चौखट से कोई गुज़रा नहीं

आकाश बड़ा-बूढ़ा बाबा
सबको कुछ बाँट के जाता है
आँखों को निचोड़ा मैंने बहुत
पर कोई आँसू उतरा नहीं

## 115 लेकिन

जूठे नैना बोलें,
साची बतियाँ

नित चमकावे
चाँद, काली रतियाँ
जूठे नैना बोलें

जानूँ-जानूँ झूठे
माही की जात
किन सौतन संग
तुम काटी रात
अब लिपटी-लिपटी
बनाओ ना बतियाँ
जूठे नैना बोलें

बोलो-बोलो कैसी
भायी सुंदरी
जिसको दै दीनी तुम
मोरी मुंदरी
अब भीनी-भीनी
बनाओ ना बतियाँ
जूठे नैना बोलें

# 116 लेकिन

सुनियो जी अरज म्हारी, ओ
बाबुला हमार
सावन आयो घर लई जइहो
बाबुला हमार

भीगे-भीगे अँगना की याद जो आवे
रूखी-रूखी अँखियों में रेती उड़ावे
सूनी-सूनी मोरी अँखियाँ
भेजियो फुहार

बिसरा दियोहे काहे
बिदेस भिजाय के
हम का बुलाय ले बाबुल
डोलिया लिवाय के
भेजो जी
डोली उठाए चारों कहार

# 117 लेकिन

सुरमई शाम इस तरह आए
साँस लेते हैं जिस तरह साए

कोई आहट नहीं बदन की कहीं
फिर भी लगता है तू यहीं है कहीं
वक़्त जाता सुनाई देता है
तेरा साया दिखाई देता है
जैसे खुश्बू नज़र से छू जाए

दिन का जो भी पहर गुज़रता है
कोई एहसान-सा उतरता है
वक़्त के पाँव देखता हूँ मैं
रोज़ ये छाँव देखता हूँ मैं
आए जैसे कोई ख़याल आए

## 118 मुसाफ़िर

बहुत रात हुई
थक गया हूँ
मुझे सोने दो
बहुत रात हुई
चाँद से कह दो
उतर जाए
बहुत रात हुई

ज़िन्दगी के सभी
रास्ते सर्द हैं
अजनबी दर्द हैं
याद से कह दो
गुज़र जाए

आशियाँ के लिए
चार तिनके भी थे
आसरे रात के
और दिन के भी थे
ढूँढते थे जिसे
वो ज़रा-सी ज़मीं
आसमाँ के तले
खो गई है कहीं
धूप से कह दो
उतर जाए

याद आता नहीं
अब कोई नाम से
सब घरों के दिए
बुझ गए शाम से
वक़्त से कह दो
गुज़र जाए

# 119 मुसाफ़िर

सावन, साँवरी अँखियाँ चूम के
फिर जाए

ना नैनों से बरसे बदरा
ना अँखियों में समाए
घिर-घिर आए कारी बदरी
गरज-गरज रह जाए
सावन, साँवरी अँखियाँ

पलकों से जो पकड़ूँ मोती
नैना दें बिखराय
नैनों में जो बात छुपाऊँ
पलकों से बह जाए
सावन, साँवरी अँखियाँ

## 120 हिप हिप हुर्रे

जब कभी मुड़के देखता हूँ मैं
तुम भी कुछ अजनबी-सी लगती हो
मैं भी कुछ अजनबी-सा लगता हूँ

साथ ही साथ, चलते-चलते कहीं
हाथ छूटे मगर, पता ही नहीं
आँसुओं से भरी-सी आँखों में
डूबी-डूबी हुई-सी लगती हो
तुम बहुत अजनबी-सी लगती हो

हम जहाँ थे वहाँ पे अब तो नहीं
पास रहने का कोई सबब तो नहीं
कोई नाराज़गी भी नहीं है, मगर
फिर भी रूठी हुई-सी लगती हो

रात उदास नज़्म लगती है
ज़िंदगी सिर्फ़ रस्म लगती है
एक बीते हुए-से रिश्ते की
एक बीती घड़ी-से लगते हो
तुम भी अब अजनबी-से लगते हो
जब कभी मुड़के देखती हूँ मैं
तुम भी कुछ अजनबी-से लगते हो

मैं भी कुछ अजनबी-सी लगती हूँ
जब कभी मुड़ के...

# 121 सितम

सारा दिन जागें तो
बेजान-सी हो जाती हैं

साँस लेती हुई आँखों को
ज़रा सोने दो

साँस लेती हुई आँखें अक्सर
बोलती रहती हैं गूँगी बातें
सारा दिन चुनती हूँ सूखे पत्ते
रात-भर काटी हैं सूखी रातें

आँखें बुझ जाती हैं, यह देखा है
ज़िंदगी रुकती नहीं बुझती नहीं
ख़्वाब चुभते हैं बहुत आँखों में
नींद जागो तो कभी चुभती नहीं

## 122 सितम

कौन गली से निकलूँ
वृंदावन की सब गलियों के
मोड़ पे श्याम खड़े
कौन गली से निकलूँ

इक पग घर से बाहर मेरा
इक पग है आँगन में
किस पग मोड़ मुड़ूँ

मन ही शायद आँचल पकड़े
भटकाकर ले जाए
बहकी-बहकी फिरूँ

## 123 रुदाली

दिल हुम-हुम करे घबराए
घन धम-धम करे गजराए
इक बूँद कभी पानी की
मोरी अँखियों से बरसाए

तेरी झोरी डारूँ
सब सूखे पात जो आए
तेरा छूआ लागे
मोरी सूखी डाल हरियाए

जिस तन को छुआ तूने
उस तन को छुपाऊँ
जिस मन को लागे नैना
वो किसको दिखाऊँ

ओ मोरे चंद्रमा
तेरी चाँदनी अंग जलाए
तेरी ऊँची है अटारी
मैंने पंख लिए कटवाए

## 124 रुदाली

बीते ना बीते ना रैना
कोरे हैं नींद से नैना
नैनों के सपने भी गूँगे
आवें तो बोलें ना बैना

रातों के पन्नों पे ना कोई तारा
ना कोई संगी, ना बाती
आँगन में उतरे ना सुबह के पाखी
ना कोई साजन ना साथी
बीते ना बीते ना रैना

मारू में उड़ती हैं, पागल हवाएँ
मारू अकेले ना जाना
मारू के टीलों पे उड़ते बगूले
टीलों पे घर ना बनाना
बीते ना बीते ना रैना

## 125 लिबास

क्या बुरा है क्या भला
हो सके तो जला, दिया जला

मुस्कुराना, सहते जाना
चाहने की रस्म है
ना लहू न कोई आँसू
इश्क़ ऐसा ज़ख़्म है
मुस्कुरा के ज़ख़्म खा ले
ना शिकायत कोई, ना गिला

सारा दिन ग़ज़लें पिरोना
रात-भर आवारगी
फट गया दामन तो क्या है
सादा दिल है सादगी
ना दिलासा चाहा दिल ने
ना वफ़ादारी का सिलसिला

## 126 लिबास

ख़ामोश-सा अफ़साना
पानी से लिखा होता
ना तुमने कहा होता
ना हमने सुना होता

दिल की बात ना पूछो
दिल तो आता रहेगा
दिल बहकाता रहा है
दिल बहकाता रहेगा
दिल को तुमने
कुछ तो समझाया होता

सहमे-से रहते हैं
जब ये दिन ढलता है
एक दिया बुझता है
एक दिया जलता है
तुमने कोई तो
दीप जलाया होता
ख़ामोश-सा अफ़साना

# 127 लिबास

सीली हवा छू गई
सीला बदन छिल गया
नीली नदी के परे
गीला-सा चाँद खिल गया

जाने कहाँ कैसे शहर
ले के चला ये दिल मुझे
तेरे बग़ैर दिन ना जला
तेरे बग़ैर शब ना बुझे

जितने भी तय करते गए
बढ़ते गए ये फ़ासले
मीलों-से दिन छोड़ आए
सालों-सी रात ले के चले

## 128 माया मेमसाब

खुद से बातें करते रहना
आँखें मूँदे दिन में मीठी रातें भरते रहना
खुद से बातें...

खुद से कहना, जाती हूँ मैं
खुद से कहना, आई मैं
ऐसा भी तो होता है ना
हल्की-सी तन्हाई में
तस्वीरों में चेहरे भरते रहना
खुद से बातें...

भीगे-भीगे मौसम में क्यों
बरखा प्यासी लगती है
जी तो खुश होता है लेकिन
एक उदासी लगती है

खुद ही रूठ के
खुद ही मनते रहना
खुद से बातें...

# 129 माया मेमसाब

इस दिल में बसकर देखो तो
ये शहर बड़ा पुराना है

हर साँस में एक कहानी है
हर साँस में इक अफ़साना है
ये शहर...

ये बस्ती दिल की बस्ती है
कुछ दर्द है, कुछ रुस्वाई है
ये कितनी बार उजाड़ी है
ये कितनी बार बसाई है

ये जिस्म है कच्ची मिट्टी का
भर जाए तो रिसने लगता है
बाँहों में कोई थामे तो
आग़ोश में गिरने लगता है

## 130 माया मेमसाब

ओ दिल बंजारे
खोल डोरिया
सब खोल दे

धूप से छनती छाँव
ओक में भरना चाहूँ
आँख से छनते सपने
होंठ से चखना चाहूँ
एक बार अब तो डोल रे

रात का बीता सपना
दिन में दिन दोहराए
जाने कौन है आकर
साँसों को छू जाए
एक बार तो लब खोल दे

## 131 माया मेमसाब

मेरे सरहाने जलाओ सपने
मुझे ज़रा-सी तो नींद आए

ख़याल चलते हैं आगे-आगे
मैं उनकी छाँव में चल रही हूँ
ना जाने किस मोम से बनी हूँ
जो क़तरा-क़तरा पिघल रही हूँ
मैं सहमी रहती हूँ नींद में भी
कहीं कोई ख़्वाब डस ना जाए

कभी बुलाता है कोई साया
कभी उड़ाती है धूल कोई
मैं एक भटकी हुई-सी ख़ुश्बू
तलाश करती हूँ फूल कोई
ज़रा किसी शाख़ पर तो बैठूँ
ज़रा तो मुझको हवा झुलाए

## 132 दिल पड़ोसी है

भीनी-भीनी भोर आई
रूप-रूप पर छिड़के सोना
स्वर्ण-कलश चमकाती आई
भीनी-भीनी...

माथे सुनहरी टीका लगाए
पात-पात पर गोटा लगाए
सात रंग बिखराती आई
भीनी-भीनी...

ओस-धुले मुख पोंछे सारे
आँगन लीप गई उजियारे
जागो जागन की बेला आई
भीनी-भीनी...

## 133 दिल पड़ोसी है

कोई दिया जले कहीं
आवाज़ दे कोई
रात कटती नहीं
दर्द घटते नहीं

सूखी हुई टहनी से
कितनी रातें तोड़ी हैं
कितने सारे दिन पीसे हैं
कितनी शामें जोड़ी हैं

जुड़ते हुए जब दो लम्हे
आख़िर मिलें कहीं
शायद मिलेंगे वहीं
कोई दिया...

जाने वाले जाते-जाते
इतना कह के लौट गए
फिर जब कोई दिन टूटेगा
फिर जब कोई रात गिरे

पलकों पे जब कोई आँसू
मचले, गिरे नहीं
शायद मिलेंगे वहीं
कोई दिया...

# 134 दिल पड़ोसी है

माँझी रे माँझी
रमैया माँझी
मोइनी नदी के उस पार जाना है
उस पार कोई आया है जोगी
जोगी सुना है बड़ा सयाना है
उस पार जाना है

भरी दुपहरी घाट पे देखूँ
धूप जलाए रे
जाने कैसे जादू-टोने
नदी बहाए रे
जोगी जाने रोग पुराने
जोगी को मन का रोग दिखाना है
उस पार जाना है

शाम ढले तो पानी पे
चलके पार जाना है
रात की ओट में छुप के
रसिया मोहे बुलाता है
सोना, सोना जोगी ने
मेरा, जाने कहाँ से नाम जाना है
उस पार जाना है

## 135 दिल पड़ोसी है

जूठे तेरे नैन
सौतन की छवि छू के आए
सौतन संग बिताई रैन
जूठे तेरे नैन

इन अँखियन का नमक पराया
इन अँखियन की जूठी छाया

झूठे इनके बैन
जूठे तेरे नैन

और किसी की प्यास है इनमें
सौतेली-सी आस है इनमें
कैसे पावे चैन
जूठे तेरे नैन

# 136 दिल पड़ोसी है

जाने दो मुझे, जाने दो
रंजिशें या गिले, वफ़ा के सिले
जो गए जाने दो
जाने दो मुझे जाने दो

थोड़ी ख़लिश होगी
थोड़ा-सा ग़म होगा
तन्हाई तो होगी
एहसास कम होगा
गहरी ख़राशों की
गहरी निशानियाँ हैं
चेहरे के नीचे कितनी
सारी, कहानियाँ हैं
माज़ी के सिलसिले
जा चुके जाने दो

उम्मीदो-शौक़ सारे, लौटा रही हूँ मैं
रुस्वाई थोड़ी-सी, ले जा रही हूँ मैं
बासी दिलासाँ की, शब तो गुज़ार आए
आँखों से गर्द सारी, रो के उतार आए
आँखों के बुलबुले बह गए
जाने दो
जाने दो मुझे...

# 137 दिल पड़ोसी है

उम्मीद होगी कोई
रात ढले वर्ना कोई आता नहीं
किसने ये पुकारा

जब भी कोई आहट-सी होती है
जाने कैसे दिल में ये घबराहट-सी होती है
कोई लम्हा लौटा है बेचारा

आँखें ढूँढ़ें साए आवाज़ों के
सूने-सूने चेहरे हैं बस, ख़ाली दरवाज़ों के
शायद कोई है
किसने फिर पुकारा

## 138 दिल पड़ोसी है

रिश्ते बनते हैं बड़े धीरे-से, बनने देते
कच्चे लम्हे को ज़रा शाख़ पे पकने देते

एक चिंगारी का उड़ना था कि पर काट दिए
आँच आई थी, ज़रा आग तो जलने देते

एक ही लम्हे पे इक साथ गिरे थे दोनों
खुद सँभलते, या ज़रा मुझको सँभलने देते

# 139 दिल पड़ोसी है

सातों बार बोले बंसी
एक ही बार बोले ना
तन की लागी सारी बोले
मन की लागी खोले ना

चुप के सुर में भेद छुपाए
फूँक-फूँक बतलाए
तन की सीधी, मन की घुन्नी
पच्चीस पेचे खाए
ना हाँ बोले, ना बोले ना

प्रीत की पीड़ा जाने मुई
छाती छेद पड़े
उठ-उठ के फिर मुँह लगती है
कान्हा-संग लड़े
ना हाँ बोले, ना बोले ना

# 140 दिल पड़ोसी है

रात क्रिसमस की थी
ना तेरे बस की थी
ना मेरे बस की भी

चाँद पेड़ों पे था
और मैं गिरजे में थी
तू ने लब छू लिये
जब मैं सजदे में थी
कैसे भूलूँगी मैं
वो घड़ी ग़श की थी

तुम अकेले ना थे
मैं तन्हा ना थी
मुझमें सब ख़ौफ़ थे
तुमको परवा ना थी
तुम भी कमसिन ना थे
मैं भी उन्नीस की थी

ख़ूबसूरत थी वो
उम्र जज़्बात की
ज़िन्दगी दे गई
रात ख़ैरात की
क्या ग़लत क्या सही
मर्ज़ी जीसस की थी

# 141 गुलामी

मेरे पी को पवन किस गली ले चली
कोई रोको मेरी ज़िंदगी ले चली

वक़्त बीजा था, बोया था उसके लिए
मैंने पल-पल पिरोया था उसके लिए
मेरे दिन-रात की रोशनी ले चली

ज़हर है रात, हर रात, पर जीना है
एक वादे की ख़ैरात पर जीना है
मेरे होंठों पे थी जो हँसी ले चली

मुझसे रूठी, कहीं और ये जुड़ गई
ज़िंदगी अजनबी रास्ता मुड़ गई
एक उम्मीद थी आखिरी ले चली

## 142 गुलामी

ज़िहाले मिस्कीं मकुन बरंजिश
बहाले हिजराँ बेचारा दिल है
सुनाई देती है जिसकी धड़कन
तुम्हारा दिल या हमारा दिल है

वो आ के पहलू में ऐसे बैठे
कि शाम रंगीन हो गई है
ज़रा-ज़रा-सी खिली तबियत
ज़रा-सी ग़मगीन हो गई है

कभी-कभी शाम ऐसे ढलती है
जैसे घूँघट उतर रहा है
तुम्हारे सीने से उठता धुआँ
हमारे दिल से गुज़र रहा है

ये शर्म है, या हया है, क्या है
नज़र उठाते ही झुक गई है
तुम्हारी पलकों से गिर के शबनम
हमारी आँखों में रुक गई है

## 143 गुलामी

पी ले पी ले, शराब है पी ले
क़तरा-क़तरा गुलाब है पी ले
पी ले पी ले...

ठंडी ज़ुल्फ़ों की छाँव में छनकर
जब उभरती है शीशे में सजकर
लगता है, माहताब है, पी ले

मुँहलगी एक हसीं कनीज़ है ये
सर चढ़े जादू जैसी चीज़ है ये
चीज़ है ये शायरी की
शायरी की, किताब है पी ले

थोड़ी-सी जब हलक़ से बहती है
इन्क़लाब-ज़िंदाबाद कहती है
बेबसी का जवाब है पी ले

## 144 दायरा

पलकों पे चलते-चलते जब ऊँघने लगती हैं
सोजा, आँखें सोती हैं तो उड़ने लगती हैं
सौंधे-से आकाश पे नीले बजरे बहते हैं
पाँखी जैसी आँखें सपने चुगने लगती हैं

पिघली हुई है गीली चाँदनी
कच्ची रात का सपना आए
थोड़ी-सी जागी थोड़ी-सी सोई
नींद में कोई अपना आए
नींद में हल्की खुशबुएँ-सी घुलने लगती हैं

आँखों से कहता लोरी में बहना
रातों का कोई छोर नहीं
तेरे तो और भी होंगे सपने
मेरा तो कोई और नहीं
ओढ़ के आँखें नींद में सपने सुनने लगती हैं

पलकों पे चलते-चलते जब ऊँघने लगती हैं
सो जा, आँखें सोती हैं तो उड़ने लगती हैं

## 145 दायरा

बोलो क्या तुम बस इतना-सा मेरा काम करोगे
मेरे जिस्म पे उँगली से अपना नाम लिखोगे?

आँखों से पढ़-पढ़के मेरे
जिस्म पे लिखते रहना
साँस बजे गर ज़ोर से
आवाज़ निगलते रहना
हल्की-हल्की आँच पे
बोलो, ढेर-सा प्यार लिखोगे?

हाथों की पोरों से जो भी
तुम महसूस करो
वहाँ-वहाँ तुम होंठों की
इक मोहर लगाते जाओ
इतना ही चुपचाप बताओ
कितना प्यार करोगे?

बोलो क्या तुम बस इतना-सा मेरा काम करोगे?

## 146 दायरा

छूटे नाहीं छूटे ना छूटे नाहीं छूटे ना
छूटे नाहीं मौला छूटे ना
रेशम की डोरियों से मनवा ने बाँधा है रे
माटी का ये चौला छूटे ना
साँस का ये तागा बैरी
दाँत से न काटा जाए
पानी से गले न माटी
जितना भी रौंदा जाए
मोह की गिरह लागी रे
माया तेरा भोला छूटे ना
बहती नदी में हाय रे
तू बिन तर जाए कोई
कामना का अंगारा ले
कैसे घर जाए कोई
कौड़ी-कौड़ी जोड़ी मौला
नातों का ये झोला छूटे ना

छूटे नाहीं छूटे ना छूटे नाहीं छूटे ना
छूटे नाहीं मौला छूटे ना

## 147 दायरा

एक मैं और एक तू
सीटी की सुरीली गुफ़्तगू

छत पे जब पंछी ने पुकारा था
हमने समझा सीटी का इशारा था
दिल तरह-तरह के सुर लगाता है
जान-बूझकर फ़रेब खाता है
तेरे कूचे में गँवाई आबरू

साँस तेज़ है बुख़ार तो नहीं
नब्ज़ देखना ये प्यार तो नहीं
प्यार में अजीब ये रिवाज है
रोग भी वही है जो इलाज है
बार-बार मरने की है आरज़ू

तुम हो और नदी का एक किनारा हो
समाँ तुम्हारी बातों जैसा प्यारा हो
ख़्वाहिशों की आग तापें रात भर
बस, तुम्हारा नाम जापें रात भर
दूर इक फ़क़ीर गाए अल्लाहू

एक मैं और एक तू
सीटी की सुरीली गुफ़्तगू

# 148 दायरा

दायीं आँख बोले कभी बायीं आँख बोले
कित्ती बार ये किवाड़ी भिड़े कभी खोले

देख-देख रातें नैना थकने लगे हैं
पिया किस देश जाके बसने लगे हैं
दायीं आँख रोए कभी बायीं आँख रोए
कित्ती बार ये किवाड़ी भिड़े कभी खोले

एक आस डूबे मन की एक आस जागे
जागी-जागी सोए बिरहन, सोयी-सोयी जागे
दायीं ओर डोले कभी बायीं ओर डोले
कित्ती बार ये किवाड़ी भिड़े कभी खोले

दायीं आँख बोले कभी बायीं आँख बोले

## 149 आस्था

जय जय नाथ जय नवनाथ
नाथ अनाथ के कनीफ़नाथ
जल के नाथ थल के नाथ
नाथ अनाथ के कनीफ़नाथ

नदी है जायी ज़मीं की
नदी को बहने दो
ज़मीं को फूलों के, पेड़ों के
सब्ज़ गहने दो

पशु बनूँ मैं, पखेरू
हवा में उड़ते रहें
पहाड़ी रास्ते जाकर
घरों को मुड़ते रहें

ज़मीं गरजती रहे
बिजलियों की गोली से
भरा रहे ये गगन
बादलों की होली से

तुम्हारा न्याय हमेशा
जहाँ में जारी रहे
सुनहरी खेतों की माटी
उपज से भारी रहे

दरख़्त जनते रहें फल
फलों से रस टपके
जो इस बरस है
मेरे नाथ, हर बरस बरसे

जय जय नाथ जय नवनाथ
नाथ अनाथ के कनीफ़नाथ

# 150 ढोला-मारू

बादल गरज-गरज सखियों री
सावन-सावन कह गए
ढोलाजी सावन की पहली तीज पे
आवन-आवन कह गए

मारू तन से बाहर फूटी
मन से हाथ छुड़ाके
झूला मार उड़ा री उड़ गयो
बड़ की डाल तुड़ाके

राज मयूर-सी नाचे मारू
पाँव कहीं न पड़ते
खुरनी हाथ में लेकर घूमे
पाँव पवन पे रक्खे

बादल गरज-गरज सखियों री
सावन-सावन कह गए

## 151 ढोला-मारू

म्हारो थारो भेस बदरवा
बूटा चाँदी जैसो रे
मैं परदेस में बैठी बदरा
देस हमारो कैसो रे

गोरी साँझ पड़े तो आँखी
पानी भरन को जाती है
फूलों की फुलकारी में क्या
दीप जले लजाती है
नैन खुले भी नैन अँधेरो
भाग हमारो ऐसो रे

म्हारे देस भी जाइयो बदरा
बसियो म्हारे कोठाँ पर
जाइयो पर दो नैन में
ठाँड़ियो म्हारे होठाँ पर
जल भरकर जइयो दो नैना
नैन बलैया जैसो रे

म्हारो थारो भेस बदरवा
बूटा चाँदी जैसो रे

## 152 ढोला-मारू

ढोलाजी, ढोलाजी, ढोलाजी, ढोलाजी
मारू बिरहा तापे
जल-जल काजल हुई
भोर अमावस तापे

गिनी-चुनी साँसें मारू की
ढोला दरस दिखइयो
तीज की नैया घाट लगाऊँ
चाँद में चढ़ आ जइयो

ढोलाजी के कान पड़े न
मारू फूल का रोना
बिरहा में जल-जल के
कालो पड़ गयो चाँद का सोना

ढोलाजी, ढोलाजी, ढोलाजी, ढोलाजी

# 153 ढोला-मारू

बंजारे-बंजारे रे
न कोई देस न भेस म्हारो
न लोटा न खेस म्हारो
आयो थारे द्वारे रे

ढोलाजी जो कान धरें तो
मन की बात सुनावाँ
ढोलाजी के पैराँ में
रहवे मेरा परछावाँ
अरे, ढोलाजी, ढोलाजी, ढोलाजी
परछावाँ कुरलावे रे

फूलों की इक क्यारी माँ
ढोलाजी बीज लगायो
फूल खिले नित ढोला बोले
बोल-बोल मुरझायो
अरे, ढोलाजी, ढोलाजी, ढोलाजी
फूल बड़ा कुरलावे रे
बंजारे-बंजारे रे

# 154 ढोला-मारु

म्हारे राजा की रोको सवारी रे
साथ भरवाइले म्हारो हजारी रे

रोकियो रे पवन काली आँधी चले
कोई तूफाँ उठे, कोई अग्नि जले
म्हारे राजा की मोड़ो महारी रे
साथ भरवाइले म्हारो हजारी रे

मैं तो कहूँ मेरे, अरज ले जा मेरी
रानी विष खा लियो
रानी मरने चली
घुरलियो राह में दीव धरवा दियो
रोकियो, राह में दीव धरवा दियो
मालवाणी की लागे दुहाई रे
म्हारे राजा की रोको सवारी रे

## 155 चाची 420

चुपड़ी-चुपड़ी चाची
चुपड़ी-चुपड़ी चाच्ची!

चाची तमाम चाबियों की
आखरी कड़ी है

चाची ने पहले बनने से
ये ज़िंदगी पढ़ी है
चाची का डौल देखो
चाची बहुत बड़ी है

चाची ने चाचा को चाँदनी चौक में
चाँदी की चम्मच से चाट चटाई

चाची के पास मुश्किलों की
सारी चाबियाँ हैं
सोसायटी में जानती हैं
क्या खराबियाँ हैं
चाची के पास हल है
चाची तो बीरबल है

चाची की च्यूँटी ने
चंडाल हाथी से
जीती रे जीती लड़ाई

चुपड़ी-चुपड़ी चाची
चुपड़ी-चुपड़ी चाच्ची!

## 156 चाची 420

दौड़ा-दौड़ा भागा-भागा सा
वक़्त से सख़्त है
थोड़ा-थोड़ा माँगा-माँगा सा

ठुड्डा खाके दिन गिरा
रात ने उठा लिया
हाथ-पाँव पोंछ के
ताक पे बिठा दिया
चाँद का चराग़ है
खूँटियों पे टाँगा
टाँगा-टाँगा सा
थोड़ा-थोड़ा माँगा-माँगा सा

टिकटिकाती सुइयाँ
घड़ी की रुकती ही नहीं
रस्सियाँ ये वक़्त की
गले से खुलती ही नहीं

जिस्म का लिबास है
चीरा-चीरा
चीरा-चीरा धागा-धागा सा
थोड़ा-थोड़ा माँगा-माँगा सा

वक़्त ये सख़्त है
थोड़ा-थोड़ा...

●●●